「ビジネス力」検定 1

法律の常識

弁護士
小澤和彦=監修　総合法令出版=編
Kazuhiko Ozawa

通勤大学文庫
STUDY WHILE COMMUTING
総合法令

CONTENTS

もくじ

はじめに

本書は、社会人3〜5年目のビジネスマンをメインターゲットに、日常のビジネスシーンで使われる常識レベルの法律知識をまとめ、クイズ形式にしたものです。

設問は1ページ1問トータル100問で、すべて4択形式となっており、問題をめくった次のページが解答&解説ですので、その場ですぐに確認ができます。

また、あなたの“ビジネス常識力”はどの程度なのか、各ページにチェックを入れつつ問題を進め、巻末の判定で最後に結果を確認してください。

本書は、はじめから終わりまで順番に解いても、時間を分けて1問ずつ取り組んでもOKです。通勤時間や移動時間などのちょっとしたスキマ時間を有効活用することで、ご自分のペースで取り組める、これが『通勤大学文庫』のコンセプトです。

簡単そうで意外と難しいのが法律です。「えっ！ これって常識なの？」と思う問題もあるかもしれませんが、本書の問題はビジネスマンとして「最低限覚えておきたい基礎知識」ばかりを集めました。まずは7〜8割の正解を目指し、最終的にはすべて身につけることを目標に頑張ってください。

「ビジネス力検定」法律部門スタッフ一同

Q 001 >>>

会社備品の持ち帰り

会社備品の持ち帰りの行動で正しいものは、次のうちどれか？

1. 会社のボールペンが５本になってしまったので、１本を家に持って帰った
2. 家のトイレットペーパーを切らしてしまったので、会社のトイレから持ち帰った
3. 会社のボールペンをうっかり持って帰ってしまったので、次の日会社に持って行った
4. 会社のボールペンをうっかり持って帰ってしまったが、そのまま家で使っている

A001

Exam for Common Knowledge

③ 会社のボールペンをうっかり持って帰ってしまったので、次の日会社に持って行った

解説

会社備品の持ち帰りについて③の「うっかり持って帰ってしまったので、次の日会社に持って行った」場合は、故意ではなくすぐに返していますので罪には問われません。一方、「うっかり持って帰ってしまったが、そのまま家で使っている」場合（④）や、意図的に持ち帰った（①②）の場合は、数の多少にかかわらず業務上横領罪（刑法第253条）または窃盗罪（刑法第235条）が適用されます。現実問題として、ボールペンやトイレットペーパーの持ち帰りで逮捕、とはならないでしょうが、「ちょっとぐらいなら大丈夫だろう」という気持ちがエスカレートしがちな点に、注意が必要です。

Q 002

交通費の使途

交通費の使途について最も不適切な行為は、次のうちどれか？

1. 得意先に自宅から直行し、通勤経路以外の交通費を後日会社に請求した
2. 定期代は半年ごとに支給されるが、定期は３ヶ月ごとに買っている
3. 新しく電車の路線が開通し、通勤定期代が安くなったので、差額分を会社に返還した
4. 電車通勤で会社に届けている通勤経路を自転車通勤にすることで、定期代を浮かせている

A 002

Exam for Common Knowledge

④ 電車通勤で会社に届けている通勤経路を自転車通勤にすることで、定期代を浮かせている

解説

交通費の使途にはいろいろありますが、得意先に自宅から直行し、通勤経路以外の分を後日会社に請求した場合（①）は、日常の交通費請求と変わりありません。また通勤定期代の場合、新しく電車の路線が開通して通勤定期代が安くなり差額分を会社に返還することは、会社として経費節減となりますので歓迎されるでしょう（③）。また、会社によって定期代が半年ごとに支給される場合でも、3ヶ月ごとに買うことに問題ありません（②）。問題は、電車通勤で会社に届けている通勤経路を自転車通勤にすることで、定期代を浮かせている場合（④）です。浮かせた定期代は「不当利得」にあたり、返還を求められたり懲戒処分の対象になる可能性があります。また、自転車通勤中に事故に遭った場合には、労災保険が下りない可能性もあります。よって、自転車通勤に切り替えたのでしたら会社に報告し、電車通勤の定期代を返還すべきです。

Q 003 »

メールアドレス

会社からもらったメールアドレスについて誤っているものは、次のうちどれか?

1. そのアドレスを使ってメールを送る場合、上司に勝手に内容を見られても、文句は言えない
2. そのアドレスを使ってメールを送る場合、会社は勝手に内容をチェックしてはならない
3. そのアドレスを使ってメールを送る場合、内容には注意しなくてはならない
4. そのアドレスを使ったメールについての規定を、会社側はきちんと設けなければならない

A 003

Exam for Common Knowledge

② そのアドレスを使ってメールを送る場合、会社は勝手に内容をチェックしてはならない

解説

会社からもらったメールアドレスで会社のパソコンを使用する場合、一般的にプライバシーの保護は及ばないとされています。また会社側は、社の秘密漏洩監視とウィルスなどのセキュリティ問題もありますので、チェックをするのは合理性があるのです。したがって、会社のアドレスを使ってメールを送る場合、会社は勝手に内容をチェックしてはならないと主張する（②）ことは難しく、内容には注意しなくてはいけません（③）し、上司に勝手に内容を見られても、原則としては文句が言えない（①）のです。会社によっては業務に関係ない私的な文書を業務時間内に交わしたということで、処罰の対象になったケースもあります。そう考えますと、会社側としては事前に規定をきちんと設け、従業員に充分に告知することが望ましいでしょう（④）。

Q 004 >>>

領収書①

領収書について適切なものは、次のうちどれか？

1. 領収書を紛失したので、「再発行」の印が押されたものをもらった
2. 今月は接待費を使いすぎたので、日付なしの領収書を作ってもらって、来月分に回した
3. 金額が高いと上司が承認しないので、２枚に分けた
4. 社名が長くて説明が面倒なので、宛名を空白にしたものをもらった

A 004

Exam for Common Knowledge

1 領収書を紛失したので、「再発行」の印が押されたものをもらった

解説

領収書の再発行は、基本的に義務がありません。したがって、再発行の印を押された領収書でも、発行元が了承したものでしたら、問題はありません。一方、金額が高いと上司が承認しないので、２枚に分けることは、支出の実体を正確に表していないので不適切です（③)。さらに、今月は接待費を使いすぎたので、日付なしの領収書を作ってもらって、来月分に回したり（②)、社名が長くて説明が面倒なので、宛名を空白にしたものをもらうこと（④）は、発行者本人が一部を記入していませんので、会社に対してごまかすことになり、詐欺罪（刑法第246条）が適用される可能性があります。現実問題として、すぐに逮捕されることにはならないでしょうが、「少しぐらいなら」という気持ちがエスカレートしがちな点に、注意が必要です。

Q 005 >>>

領収書②

領収書について誤っているものは、
次のうちどれか？

1. ときには、名刺の裏やメモ用紙に書かれたものでも領収書になりうる
2. 万が一、紛失してしまった場合でも、２度目までなら必ず再発行してくれる
3. 領収書がもらえない場合、代金の支払いを拒否することができる
4. 領収書は、極めて大事なビジネス文書である

A 005

Exam for Common Knowledge

② 万が一、紛失してしまった場合でも、2度目までなら必ず再発行してくれる

解説

領収書は、代金を支払ったときに代金を受け取った方が発行し、代金の支払があったことを証明する馴染み深く極めて大事なビジネス文書です（④）。ときには、名刺の裏やメモ用紙に書かれたものでも領収書になりえます（①）が、「△△殿　○年×月○日　金□□円受領しました」という一文と、受領者のサインや捺印が必要になります。民法第486条では、領収書の交付を請求できることが定められていますが、代金を支払う際に領収書がもらえない場合、代金の支払いを拒否することができます（③）し、万が一、紛失してしまった場合でも、相手方には領収書の再発行義務はありません（②）ので、保管には注意が必要です。

Q 006

名刺の管理

名刺の管理について最も細心の注意を払うべきなのは、次のうちどれか？

1. 不必要な名刺は、シュレッダーで処分した
2. 名刺情報をデータベース化した
3. 名刺ホルダーに重要な取引先順に分類した
4. 名刺ホルダーに五十音順に並べ直した

A 006

Exam for Common Knowledge

② 名刺情報をデータベース化した

解説

名刺の管理について、データベース化は便利ですが加工しやすいため、コンピュータウィルスなどの影響で、外部へ流出することも考えられます。またノートパソコンに入れておくと、盗難の可能性があるため、最も細心の注意を払わなければなりません（②）。一方、名刺ホルダーをわざわざ持ち歩く機会は少ないかもしれませんが、それを収める引出しに鍵をかけるなどの自衛策は不可欠です（③④）。また、個人情報保護の点から考えると、不必要な名刺は、シュレッダーで処分するだけでなく、専門の廃棄業者に処分を依頼し、溶解してもらうのが望ましいでしょう（①）。

Q 007

社用車使用時の注意点

社用車を使用する際の注意点として
不適切なものは、次のうちどれか？

1. 社用車に乗っていて人身事故を起こしたが、会社に報告せずに相手と示談した
2. 無断で社用車を利用して事故を起こした場合でも、会社が責任を負う場合がある
3. 相手先に商品を納品する途中で起こした事故は、原則として会社の責任になる
4. 会社の規定で「交通事故により、禁固又は懲役以上の刑事処分を受けた場合には、懲戒解雇とする」とある場合、その規定に従う必要がある

A 007

Exam for Common Knowledge

①

社用車に乗っていて人身事故を起こしたが、会社に報告せずに相手と示談した

解説

社用車を使用して事故を起こした場合、基本的に責任は運転した本人にあります。しかし、使用を許可した会社にも「運行供用者責任」がありますので、会社も「使用者」として責任を負う（③）とされています（自動車損害賠償保障法）。また、無断使用については、会社の管理・監督体制によって、会社も責任を問われることがあります（②）。したがって社用車で事故を起こした場合は、運転した本人だけでなく会社に対しても損害賠償を請求される可能性がありますので、運転した本人としては「ここだけで収めよう」と考えないように注意が必要です（①）。なお、事故について会社に報告した後は、社内規定に従うことが基本です（④）。

Q 008 ≫

著作権

多くの人の目を惹かせるために、人気キャラクターを社内報に載せました。この場合の著作権について正しいものは、次のうちどれか？

1. 営利目的ではないので、法的には問題ない
2. 販売可能であれば、著作権の侵害にあたる
3. キャラクターを手書きで複製しても、著作権の侵害にあたる
4. 発行から１年間気づかれなければ、法的には問題ない

A 008

Exam for Common Knowledge

③ キャラクターを手書きで複製しても、著作権の侵害にあたる

解説

たとえ社内報でも、著作権者の承諾を得ないで使う場合は、著作権の侵害にあたります（③）。したがって、販売可能なもの（②）や営利目的でなくても（①）、また発行から１年間気づかれなかったとしても（④）、無断で使用しているので権利の侵害にあたります。したがって、権利者から使用の差止請求や、損害賠償請求を受ける可能性があります。「少しぐらいなら」という気持ちがエスカレートしがちな点に、注意が必要です。

Q 009 >>>

健康診断

健康診断について止むを得ないのは、次のうちどれか？

1 総務から何度も催促があったが、仕事が忙しくて健康診断を受けなかった

2 新しく転職した会社では、予算の都合で定期健康診断は行われていない

3 健康診断を受け「再検査」の通知をもらったが、受けるのが面倒臭いので受けなかった

4 健康診断の日をうっかり忘れて、朝ごはんを食べてきてしまった

A 009

Exam for Common Knowledge

④ 健康診断の日をうっかり忘れて、朝ごはんを食べてきてしまった

解説

労働安全衛生法では、会社側は、定期健康診断を受けさせる義務があり（②）、また社員は、定期健康診断を受ける義務があると規定しています。したがって、仕事が多忙でも受診する機会を作るように努めなくてはなりません（①③）。ところで、健康診断の日をうっかり忘れて、朝ごはんを食べてきてしまった場合（④）でも、診断の際に食べてきた旨を伝えると数値を考慮してくれる可能性がありますので、病院関係者に相談してみましょう。

Q 010

出張

あるとき、上司に出張を命じられたが、ＦＡＸとメール、電話だけで仕事が片付いてしまった。この場合の「出張」について不適切なものは、次のうちどれか？

1. 出張に行ったことにして会社を休んで、出張費をもらった
2. 念のため出張し、新たな案件を持ち帰った
3. 上司に仕事の完了を報告し、出張を取り消してもらった
4. 念のため出張し、挨拶に行った

A010

Exam for Common Knowledge

1 出張に行ったことにして、出張費をもらった

解説

出張は、出張費用をかけて会社を代表して相手先に訪問することで、重要な業務です。そこでは普段顔を合わせない分、出張先で直接会って話し合うことで、相手との関係を深める効果があるでしょう。そう考えますと、念のため出張し挨拶に行った（④）としても、新たな案件を持ち帰る（②）可能性もあります。とはいえ、逆に出張することで拘束されますので、設問のケースのように明らかなメリットが感じられない場合には、上司に仕事の完了を報告し、出張を取り消してもらう（③）ことも重要です。それにより、効率良く他の仕事を進めることができます。ただし、出張に行ったことにして会社を休んで出張費をもらう（①）、いわゆる「カラ出張」につきましては詐欺に該当しますので、注意が必要です。

Q 011 >>>

商法

［A氏は、出張でホテルにチェックイン。現金200万円が入ったカバンをそのままフロントに預けたが、翌朝チェックアウトの際にカバンが紛失したことが判明。この後の処遇について最も適切なものは、次のうちどれか？］

1. ホテル側が全面的に悪いので、どんな場合もホテル側から弁償される
2. 現金200万円が入っていることを事前に言っていれば、現金は弁償される可能性が高い
3. 現金200万円が入っていることを事前に言っていても、現金は弁償されない可能性が高い
4. フロント係が全面的に悪いので、どんな場合もフロント係から弁償される

A 011

Exam for Common Knowledge

②

現金200万円が入っていることを事前に言っていれば、現金は弁償される可能性が高い

解説

原則としては、商法第594条によりホテル側が損害賠償の責任を負いますが、第595条により高価な品物について客が預ける際に金額や種類を明らかにしていない場合は、ホテル側に過失があっても責任を負わないとされています。よって今回の場合は、保障されない可能性もあります（①）。したがって②は、現金200万円が入っていることを事前に言っていますので、弁償される可能性は高いです（③）。また、弁償する相手は基本的にはフロント係ではなくホテル側となります（④）。ただし、ホテル会社内においてフロント係に対する処罰が下されることは、否めないでしょう。

Q 012 »»

休日を利用した社員旅行

休日を利用した社員旅行について正しいものは、次のうちどれか？

1 会社の行事だから当然参加しなければならない

2 参加すると代休が認められる

3 参加しないと欠勤扱いになる

4 義務ではないから不参加でもOK

A 012 <<<

Exam for Common Knowledge

④ 義務ではないから不参加でもOK

解説

休日を利用した社員旅行については、勤務時間外の業務ではなく懇親を目的としていますので、原則として当然参加しなければならない会社の行事ではありませんし（①）、不参加でもOKです（④）。なお、この場合は休みの日に会社の人と遊びに行ったのと同じと見なされますので、代休は認められません（②）し、欠勤扱いになりません（③）。ただし、これは一般の社員旅行の場合ですが、会社の創立記念行事などの対外的アピールを兼ねて業務の一環として出席が義務づけられているものにつきましては、パーティーや宴会であっても業務時間にあたり、欠席すれば欠勤扱いとなりますので、注意してください。

Q 013
セクハラ①

セクハラ（セクシュアルハラスメント、性的嫌がらせ）について正しいものは、次のうちどれか？

1 相手が不快に思えば、どんなことでもセクハラになりうる

2 女性社員を「おばさん」「女の子」と呼ぶのはセクハラではない

3 セクハラは、派遣社員には適用されない

4 セクハラの対象は女性だけである

A013

Exam for Common Knowledge

① 相手が不快に思えば、どんなことでもセクハラになりうる

解説

相手の望まない性的な言動に対して、相手が不快に感じた場合、どんなことでもセクハラになりえます（①）。したがって、女性社員を「おばさん」「女の子」と呼ぶことも（②）、派遣社員にも適用されます（③）。また、セクハラの対象は女性だけではなく、女性から男性へのセクハラも対象となります（④）。なお、セクハラは民法上の不法行為にあたり、被害者は加害者や会社に対して損害賠償を請求することができます。

Q 014 ≫

セクハラ②

セクハラについて、上司からセクハラをされた人が起こす行動について最も適切なものは、次のうちどれか？

1. セクハラはあくまでも個人的な行為なので、上司は訴えられるが会社は訴えられない
2. 会社にはセクハラを防止する義務があるので、会社と上司を訴えられる
3. 会社にはセクハラを防止する義務があるが、会社も上司も訴えられない
4. セクハラはあくまでも個人的な行為なので、会社も上司も訴えられない

A 014

Exam for Common Knowledge

② 会社にはセクハラを防止する義務があるので、会社と上司を訴えられる

解説

男女雇用機会均等法では、セクハラに対して会社側には必要な防止措置をとることが義務づけられています（第21条）。よって、セクハラを防止できなければ、上司本人だけでなく会社も訴訟対象になるのです（②）。ですから、セクハラがあくまでも個人的な行為といっても、会社も上司も訴えられないことはありませんし（①④）、会社にはセクハラを防止する義務がありますので、会社も上司も訴えられないことはありません（③）。現実的には、セクハラを受けた場合にはひとりで立ち向かおうとはせずに、周りの信頼できる仲間を作ることや、弁護士などの専門家に相談することが重要です。

Q 015

パワハラ

パワハラ（パワーハラスメント、権力や地位を利用した嫌がらせ）予防・対策についてあてはまらないものは、次のうちどれか？

1. パワハラされた相手に、隙《すき》を見つけて報復する
2. パワハラ予防のための研修会や、相談窓口を設置する
3. 経営者が「パワハラを起こさない会社にする」と明言する
4. パワハラに遭っている場合は「いつ、どこで、誰から、どんなことを、どうして、どのように被害を受けたか」5W1Hで記録しておく

A 015

Exam for Common Knowledge

① パワハラされた相手に、隙《すき》を見つけて報復する

解説

パワハラ予防は、全社的に取り組む必要があります。例えば経営者が「パワハラを起こさない会社にする」と明言すること（③）、パワハラ予防の研修会や、相談窓口の設置（②）や就業規則に規定、パワハラに関するアンケート実施による現状把握などがあります。また対策として、仮にパワハラ被害に遭っている場合、「いつ、どこで、誰から、どんなことを、どうして、どのように被害を受けたか」５Ｗ１Ｈで記録しておくと、後で訴訟になったときの重要証拠となります（④）。間違っても、パワハラされた相手に隙を見つけて報復する（①）ことはやめましょう。逆に損害賠償を起こされる危険があります。なお、パワハラは、感情的になりやすいワンマン社長や上司のいる職場、専門職の多い職場、事務職のような閉鎖的な環境の職場、労働時間が長くノルマがきついなど、労務管理や職場環境が健全でない職場に多く見受けられます。

Q 016 >>>

保証人①

保証人について正しいものは、次のうちどれか？

1. 「保証人になってくれ」と友人から言われた場合、引き受けても問題はない
2. 保証人になっていなくても、親の借金については支払い義務がある
3. 連帯保証人ではなく、保証人になった場合、お金の貸し手から返済を請求されても、すぐに応じる必要はない
4. 保証人と連帯保証人の責任は同じものである

A 016

③ 連帯保証人ではなく、保証人になった場合、お金の貸し手から返済を請求されても、すぐに応じる必要はない

解説

保証人が、貸し手（金融会社など）から返済請求をされた場合、「まず先にお金を借りた本人に請求してください」と主張できる権利（民法第452条、催告《さいこく》の抗弁権）や「借りた本人の財産を先に強制執行してください」と主張できる権利（民法第453条、検索の抗弁権）があります（③）が、連帯保証人の場合、借りた本人の返済能力に関係なく、返済請求には応じなければならないので要注意です（④）。よって、連帯保証人の場合には、借り手（＝友人）と同じ責任を負わなければならないので、気をつけなければいけません（①）。また親子関係でも、保証人や連帯保証人になっていない場合には、支払い義務はありません（②）。

Q 017

保証人②

連帯保証人について借り手が返済できない場合、正しいものは次のうちどれか？

1. 代わって返済する必要は全くない
2. 平謝りすれば返済する必要は全くない
3. 代わって全額を返済しなくてはならない
4. 代わって半額を返済しなくてはならない

A 017

Exam for Common Knowledge

③ 代わって全額を返済しなくてはならない

解説

連帯保証人は、借りた本人の返済能力に関係なく、返済請求には応じなければならないので要注意です。したがって、借りた本人に代わって返済する可能性もあり（①）、場合によっては半額ではなく（④）、全額を返済しなくてはならない可能性もあります（③）。しかもその場合は、平謝りしても返済からは逃れられません（②）。借金で困っている人には、速やかに弁護士会などに相談に行くようにアドバイスをしてあげることが望ましいでしょう。

Q 018 >>>

多重債務

自己破産の特徴について誤っているのは、次のうちどれか？

1 自己破産をすると、膨大な借金の返済から免れることができる

2 自己破産をすると、一定期間選挙権を失う

3 ギャンブルや浪費が原因で返済不能となった場合、返済義務が免責されないことがある

4 自己破産をすると、一定期間住宅ローンを組めなくなる

A 018

Exam for Common Knowledge

② 自己破産をすると、一定期間選挙権を失う

解説

自己破産をすると、膨大な借金の返済から免れることができます（①）。また、自己破産をすると、一定期間住宅ローンを組めなくなります（④）が、改正破産法により、信用情報機関のデータファイルに記載される期間が10年間から7年間に短縮され、その後はローンを組めます。一方、自己破産をしても、一定期間選挙権を失うこと（②）や、破産した事実が戸籍に載ることもありません。ただし、ギャンブルや浪費が原因で返済不能となった場合、返済義務が免責認定されないことがあります（③）ので、安易な借金・キャッシングには注意が必要です。

Q 019 >>>

配転・出向のしくみ

配転（配置転換）、出向について誤っているものは、次のうちどれか？

1 配転とは、仕事の場所や内容などを変更する配置転換のことで、その中でも住所変更を伴う異動を転勤と呼ぶ

2 出向とは、企業外別法人への人事異動のことである

3 出向には、出向元に労働者の地位を残して出向する在籍出向と、出向元を退職して出向する移籍出向（転籍出向）がある

4 配転は、使用者側の都合で一方的に決めることができる

A 019

Exam for Common Knowledge

④ **配転は、使用者側の都合で一方的に決めることができる**

解説

配転とは、仕事の場所や内容などを変更する配置転換のことで、その中でも住所変更を伴う異動を転勤と呼びます（①）。配転は、会社側の都合で一方的に決めることができません（④）。過去の判例では、労働協約か就業規則に規定がある場合でも、業務上の必要性がない場合や職場から活動家や組合員を排除する不当労働行為などの「配転命令が他の不当な動機ないし目的をもってなされたとき」、「労働者に対し、通常甘受する程度を著しく超える不利益を負わせるものであるとき」は、配転命令を無効としています。出向とは、企業外別法人への人事異動のことです（②）。出向には、出向元に労働者の籍を残して出向する在籍出向と、出向元を退職して出向する移籍出向（転籍出向）があります（③）。

Q 020

転勤命令

転勤命令について正しいものは、次のうちどれか？

1. 看病が必要な、病気の老母と二人暮しであることを理由に、転勤を拒否した
2. 「気に入らない部下だ」という理由で、転勤を命じた
3. 就業規則に「転勤もありうる」と規定されているのに、転勤を拒否した
4. 「風水で調べたところ方位が悪い」という理由で転勤を拒否した

A020

Exam for Common Knowledge

① 看病が必要な、病気の老母と二人暮しであることを理由に、転勤を拒否した

解説

転勤命令については諸説ありますが、就業規則に「転勤もありうる」と規定されている場合は、原則として拒否できません（③）。また、「風水で調べたところ方位が悪い」という理由（④）も、社員にとって著しい不利益とは言いがたいので、拒否できないでしょう。一方、「気に入らない部下だ」という理由（②）で転勤を命じる場合は、嫌がらせなどの不当な動機や目的にあたりますので拒否することは可能です。また、看病が必要な病気の老母と二人暮しであることを理由（①）とした場合、本人が転勤してしまうと残された母親の看病ができなくなってしまい、社員に著しく不利益を負わせることになりますので、「権利の濫用」として無効となる可能性が高いと考えられます。なお、同様なケースで過去に無効となった判例がありますが、個人的な事情はケースバイケースですので、まずは会社側に交渉してみましょう。

Q 021

懲戒

次の懲戒処分のうちその説明に誤りがあるものは、次のうちどれか？

1. 減給…賃金の一部をカットする
2. 諭旨《ゆし》解雇…予告なしに即時退職させる
3. 譴責《けんせき》…義務違反に対して警告し、始末書を提出させる
4. 出勤停止…一定期間出勤を停止し、勤労を拒否する

A 021

Exam for Common Knowledge

② 諭《ゆ》旨《し》解雇…予告なしに即時退職させる

解説

懲戒は、違反者に一定の不利益制裁を加えることによって、本人の理性と意思のあり方を矯正すること、併せて他の労働者に秩序を保たせることを目的とします。通常、就業規則に定められている懲戒の種類は、軽いものから1.譴責、2.減給、3.出勤停止、4.諭旨解雇、5.懲戒解雇があります。②の説明文は、懲戒解雇の内容です。諭旨解雇とは、退職勧告を行い退職させることです（依願退職）。

Q 022 >>>

減給

減給について最も不適切なものは、
次のうちどれか？

1 「無断欠勤や無断遅刻をした場合、制裁として減給する」と、就業規則に規定することができる

2 減給の金額は、１回につき半日分を超えてはならない

3 労働基準法では、制裁による賃金の減給について、無制限に行ってはならないと規定している

4 遅刻や早退、欠勤があまりにも多いので、見せしめとして今月の給料は半分になった

A022

Exam for Common Knowledge

④ 遅刻や早退、欠勤があまりにも多いので、見せしめとして今月の給料は半分になった

解説

会社側は、「無断欠勤や無断遅刻をした場合、制裁として減給する」と、就業規則に規定することができます（①）。ただし、労働基準法では制裁による賃金の減給について、無制限に行ってはならないと規定しています（③）。具体的には、減給の金額は1回につき半日分を超えてはならないこと（②）や、1ヶ月あたりの減額は、月給総額の10％までという内容です（第91条）。したがって、④のように見せしめとして今月の給料を半分にすることは、法律違反となります。仮に違反が続き、給与総額の15％に達した場合は、当月10％、翌月５％といった減額の仕方であればOKです。

Q 023

解雇通知

昨日、会社で社長に呼ばれ「明日から会社に来なくていいから」と突然の解雇通知を受けました。この場合の懲戒解雇について正しいのものは、次のうちどれか？

1. 会社の経営状況が悪ければ、突然の解雇は仕方がない
2. 個人経営の会社は、突然の解雇も止むを得ない
3. 予告なしに解雇することは、社員数が１０人以下の場合は有効である
4. 予告なしに解雇することが、有効とされる場合がある

A023

Exam for Common Knowledge

④ 予告なしに解雇することが、有効とされる場合がある

解説

予告なしに、ある日突然会社側から懲戒解雇を主張してくることにつきましては、必ず解雇の理由を聞き、理由があいまいなものや、理不尽なものであれば、「解雇権の濫用《らんよう》による不当解雇」として争うことが可能です。それは例えば、個人経営の会社であっても（②）、社員数が10人以下の会社であっても（③）、会社の経営状況が悪くても（①）同様です。ただし、天災事変等、止むを得ない事由のために事業の継続が不可能な場合は、予告を行うことなく即時に解雇することができます（④、労働基準法第20条）。

Q 024

退職

自己都合退職と会社都合退職について不適切なものは、次のうちどれか？

1. 会社都合退職の場合、客観的に合理的な理由を欠き、社会通念上認められない場合は、解雇は無効になる

2. 会社都合退職の場合、使用者は少なくともその30日前に予告をするか、30日分以上の平均賃金を払わなくてならない

3. 自己都合退職の申し出について、就業規則で「退職を希望する場合には、遅くとも1ヶ月前に退職届を提出し、会社の承認を得なければならない」と規定している場合、申し出から1ヶ月たたなければ退職できない

4. 自己都合退職の場合、退職の申し出から2週間で労働契約が終了する

A 024

Exam for Common Knowledge

③

自己都合退職の申し出について、就業規則で「退職を希望する場合には、遅くとも1ヶ月前に退職届を提出し、会社の承認を得なければならない」と規定している場合、申し出から1ヶ月たたなければ退職できない

解説

労働契約の終了には、社員側から申し出る自己都合退職と、会社の都合により契約を終了させる会社都合退職（解雇）があります。会社都合退職は、会社側は少なくともその30日前に予告をするか、30日分以上の平均賃金を払わなくてはいけません（②）。また、客観的に合理的な理由を欠き、社会通念上認められない場合、解雇は無効となります（①）。一方、自己都合退職は民法第627条の適用を受け、原則として退職の申し出から2週間で労働契約が終了します（④）。したがって、自己都合退職の申し出について、就業規則で「退職を希望する場合には、遅くとも1ヶ月前に退職届を提出し、会社の承認を得なければならない」と規定していても、就業規則は無効です（③）。よって、申し出から2週間で労働契約が終了できます。ただ、これはあくまでも法律的なことですので、ビジネスマンとしてはもっと時間的な余裕が欲しいところです。

Q 025 >>>

退職金

退職金について誤っているものは、
次のうちどれか？

1 退職金の請求権の時効は１年である

2 退職金は、必ず支給される賃金ではない

3 退職金は、労働慣行として支払いがあれば、その慣行に従って受給の権利がある

4 退職金は、就業規則に記載があれば、その規定に従って受給の権利がある

A 025

Exam for Common Knowledge

① 退職金の請求権の時効は1年である

解説

退職金は、就業規則に記載があれば、その規定に従って受給の権利があります（④）。なお、労働基準法第89条3の2によりますと、退職金については就業規則への記載が義務付けされていますので、記載の有無を確認する必要があります。仮に就業規則に記載がなくても、今まで辞めた人が貰っているのであれば、労働慣行として支払っていることになりますので、その慣行に従って受給の権利があります（③）。ただし、退職金は、必ず支給される賃金ではありません。特に規定や労働慣行がなければ、原則として払わなくても問題はありませんので、注意が必要です（②）。また、退職後に退職金を請求できる権利があると分かった場合、その請求権の時効は1年ではなく5年です（①）ので、まだ間に合う方はまず交渉してみましょう。

Q 026 ›››

雇用保険

雇用保険について誤っているものは、次のうちどれか？

1 雇用保険に加入していれば、失業したときに必ず失業手当をもらうことができる

2 雇用保険に加入しているかどうかは、給与明細を見ると分かる

3 雇用保険は「失業保険」とも呼ばれ、働く人が失業したときに、失業中の生活を支援するためのものである

4 雇用保険や退職に関する相談は、最寄りのハローワークに行くと良い

A026

Exam for Common Knowledge

①

雇用保険に加入していれば、失業したときに必ず失業手当をもらうことができる

解説

雇用保険は「失業保険」とも呼ばれ、働く人が失業したときに、失業中の生活を支援するためのものです（③）が、雇用保険に加入していれば、失業したときに必ず失業手当をもらうことができるわけではありません（①）。原則として、再就職の意思があること、退職前の１年間に６ヶ月以上の加入期間があることが必要です。ただし、遡《さかのぼ》って保険料を払うこともできますので、まずは最寄りのハローワークに行くと良いでしょう。ところで一般に雇用保険に加入しているかどうかは、給与明細を見ると分かります（②）が、ごくまれに、会社が保険料を支払っていないこともありますので、心配な場合は会社の住所を管轄しているハローワークに問い合わせると確実です。なお、ハローワークでは、雇用保険や退職に関する相談のほか（④）、教育訓練給付や、退社方法・住宅の貸与（一定の制限がある）など、幅広くサポートしてくれます。

Q 027

求人広告

違法とならない求人募集は、次のうちどれか？

1. 求人広告に「25歳以下のセールスレディ募集」と出すこと
2. 求人広告に「女性のみ自宅通勤者を望む」と条件をつけること
3. 求人広告に「身長170センチ以上の男性事務員募集」と出すこと
4. 求人広告に「女優の相手役として25歳以下の男性を募集」と出すこと

A 027

Exam for Common Knowledge

④ 求人広告に「女優の相手役として25歳以下の男性を募集」と出すこと

解説

募集・求人において、雇用対策法では年齢の制限（①）が、男女雇用機会均等法では男女の差別的取扱い（②③）が原則的に禁止されています。ただし、募集対象を限定する合理的理由が認められる場合は例外となります。④は、求人の理由として合理性が最も高いと言えますので、違法ではないと考えられます。

Q 028 >>>

面接

面接の際に質問することは避けるように厚生労働省から指導が出ている事項は、次のうちどれか？

1. 大学時代の成績
2. 父親の職業
3. 好きな食べ物
4. 筆記試験の感想

A028

Exam for Common Knowledge

② 父親の職業

解説

採用面接の際に、家族の職業（②）・学歴・地位・収入など本人に関係がないものや、宗教や思想、支持政党など本人の自由である事項を聞くことは避けるように、厚生労働省から指導が出されています。面接官に選ばれた際には、その辺りに注意して面接を行いましょう。

Q 029 >>>

内定

内定について誤っているものは、次のうちどれか？

1. 内定後に内定者が大学を卒業できなかったので、内定を取り消した

2. 内定の段階では労働契約は成立していないので、使用者はいつでも取り消すことができる

3. 内定者から内定の辞退をする場合は、入社日の1ヶ月前に使用者にその旨を連絡すればいい

4. 内定後に内定者が事故を起こしたので、内定を取り消した

A 029

Exam for Common Knowledge

②

内定の段階では労働契約は成立していないので、使用者はいつでも取り消すことができる

解説

内定段階で、労働契約は正式に成立していますので、会社側は勝手に取り消すことはできません（②）。ただし、内定後に事故を起こす（④）など、内定者が社会的に非難される行動をとった場合や、大学を卒業できなかった場合（①）には、内定の取り消しを行うことができます。また、内定者から内定の辞退をする場合は、入社日の14日以上前に会社側にその旨を連絡すれば、自由に退職することができます（③）。これは、労働者が自分の都合で退職する場合と同じ規定です。

Q 030 >>>

試用期間

試用期間について正しいものは、次のうちどれか？

1 試用期間開始から10日後にスキル不足という理由で即時解雇された

2 試用期間の途中で「ネクラだ」という理由で解雇された

3 アルバイトとして1年間働いている会社に正式に入社することになったが、最初の3ヶ月は試用期間だと言われた

4 面接後、最初の3ヶ月は試用期間だと言われたが、3ヶ月経った段階で勝手に1ヶ月延長された

A 030

Exam for Common Knowledge

① 試用期間開始から10日後にスキル不足という理由で即時解雇された

解説

試用期間を設ける場合は、就業規則などにあらかじめその期間や延長する場合の期間について定めがなければいけません。したがって、面接後、最初の3ヶ月は試用期間だと言われたが、3ヶ月経った段階で勝手に1ヶ月延長されることは原則的に認められません（④）。また、既にパートタイマーやアルバイトで働いてきた労働者を改めて正社員として雇用する場合、試用期間を設けることはできません（③）。一方、試用期間中の解雇につきましては、既に労働契約が結ばれていますので、解雇するには合理的な理由が必要です。したがって、「ネクラだ」という理由で解雇されることは、恣意的な理由ですので、認められません（②）。ただし、試用期間開始から14日以内は、解雇予告なしに即時解雇できる期間ですので、試用期間開始から10日後にスキル不足という理由で即時解雇されることは有効です（①）。

Q 031

労働契約

労働契約について誤っているものは、次のうちどれか？

1. 事前に明示されていた労働条件と実際が違っていたので、その場で入社を拒否して、1週間後に帰郷したが、その際にかかった旅費を請求した

2. 契約を結ぶ際にきちんと条件を教えてもらえず、就業規則を渡されて「これに書いてあるから読んでおいて」と言われた

3. 就業規則とは異なる条件で個別に労働契約を結んだ

4. 「3ヶ月以内に辞めた場合、労働者は罰金として10万円を会社に払わなければならない」という内容の契約を結んだ

A 031

Exam for Common Knowledge

④ 「3ヶ月以内に辞めた場合、労働者は罰金として10万円を会社に払わなければならない」という内容の契約を結んだ

解説

就業規則とは異なる条件で個別に労働契約を結んだとしても、就業規則より有利な条件であれば、就業規則とは違った内容の労働契約を結ぶことができます（③）。また、契約を結ぶ際、就業規則を渡され「これに書いてあるから読んでおいて」と言われた場合でも、合理的な労働条件を定めた就業規則があってそれが周知されていれば、会社側は労働者一人ひとりに対して詳細な労働条件を説明せずに、事足りるとされています（②）。ただし、「3ヶ月以内に辞めた場合、労働者は罰金として10万円を会社に払わなければならない」という内容の契約を結んだ（④）としても、労働契約は賠償予定を定められませんので、無効となります。なお、事前に明示されていた労働条件と実際が違っていたので、その場で入社拒否して1週間後に帰郷し、その際にかかった旅費を請求する場合（①）、契約解除の日から14日以内ですので請求は可能です。

Q 032 >>>

休暇・休日・休憩

労働基準法に規定されている有給休暇について誤っているものは、次のうちどれか？

1 入社日から続けて6ヶ月間勤務し、トータル日数の8割以上出勤した場合、10日間の有給休暇を取得する権利がある

2 有給休暇の請求権は、与えられた日から5年で消滅する

3 パートタイマーやアルバイトも、正社員と同様に請求があれば要件に応じて有給休暇を取得する権利がある

4 業務上でケガや病気になり、療養のために休業した期間、育児休業、介護休業、女性が産前産後休業した期間は、出勤したものと見なされる

A032

Exam for Common Knowledge

②　有給休暇の請求権は、与えられた日から5年で消滅する

解説

有給休暇は、入社日から続けて6ヶ月間勤務し、トータル日数の8割以上出勤した場合、10日間の有給休暇を取得する権利が発生します（①）。仮に業務上でケガや病気になり、療養のために休業した期間、育児休業、介護休業、女性が産前産後休業した期間は、出勤したものと見なされます（④）ので、覚えておきましょう。また、パートタイマーやアルバイトも、正社員と同様に請求があれば要件に応じて有給休暇を取得する権利があります（③）ので、会社側に確認しましょう。なお、有給休暇の請求権は、与えられた日から5年ではなく2年で消滅しますので、注意が必要です（②）。

Q 033 >>>

賃金①

労働基準法に定められている「時間外、休日および深夜の割増賃金」について、割増賃金の基礎となる賃金に含めるものは、次のうちどれか？

1 住宅手当

2 子女教育手当

3 職能手当

4 通勤手当

A 033

Exam for Common Knowledge

③ 職能手当

解説

労働基準法第37条に定められている「時間外、休日および深夜の割増賃金」について、割増賃金の基礎となる賃金に含めるものに職能手当（③）があります。一方含めないものには、住宅手当（①）・子女教育手当（②）・通勤手当（④）の他、家族手当・別居手当・ボーナスなどがあります。したがって、割増賃金の計算をするときには、諸手当が全て含まれるわけではないことに注意して、計算してみてください。

Q 034

賃金②

賃金について正しいものは、次のうちどれか？

1. 就業規則に賞与の定めがない会社に入ってしまい、3年間一度もボーナスを受け取っていない
2. 給料の前借をしていたので、今月分の給料は相殺されてしまってゼロだった
3. 夫が入院したので代理で会社に給料を受け取りに行ったところ、本人にしか渡せないと断られた
4. 「完全歩合給」という求人広告に惹かれて営業職として入社したが、仕事の勝手がわからず今月は売上ゼロだった。上司からは「今月の給料はなしね」と言われた

A 034

Exam for Common Knowledge

① 就業規則に賞与の定めがない会社に入ってしまい、3年間一度もボーナスを受け取っていない

解説

賃金は「全額払いの原則」によって全額払われなければならず、貸付金などと相殺することはできませんので、給料の前借をしていて、今月分の給料は相殺されてしまってゼロだったということは原則としてできません（②）。また、「直接払いの原則」によって、労働者本人に直接支払われなければなりませんが、本人が入院などで受け取れない場合は、本人の配偶者や子が使者として受け取ることは可能です（③）。さらに、「完全歩合給」が採られていても、会社側は労働者の最低限の生活を保障するために、保障給を支払わなければなりませんから、仕事の勝手が分からず今月は売上ゼロだったからといって、上司から「今月の給料はなしね」と言われても無効です（④）。ただし、賞与を払うかどうかはその会社の任意事項ですので、就業規則に賞与の支払いについてそもそも定めがなければ会社は払う必要はありません（①）。

Q 035

未払い賃金①

給料が３ヶ月出ない状態が続き、ついに昨日会社が倒産しました。この場合の未払い賃金について正しいものは、次のうちどれか？

1. 負債を清算した後で、1.5ヶ月分だけは支払われる
2. 負債を清算した後で、１ヶ月分だけは支払われる
3. 会社の他の負債より優先して支払われる
4. 会社の負債総額によっては、もらえない

A035

Exam for Common Knowledge

③ 会社の他の負債より優先して支払われる

解説

会社が倒産した後には、資産や負債の清算があります。その際に社員の賃金については、優先的に扱われ（③）、規定があれば、退職金や解雇予告手当もその中に含めることも可能です。したがって、負債を清算した後に一部だけをもらったり（①②）、会社の負債総額によってはもらえない（④）ことは、基本的にはありえません。ただし、会社に担保が設定されていたり、債権譲渡がされている場合や、税金・社会保険料の滞納がある場合には注意が必要ですので、弁護士などの専門家に相談することが急務です。

Q 036 >>>

未払い賃金②

会社が業績不振で給料が未払いの場合について正しいことは、次のうちどれか？

1. 未払い賃金の交渉がうまくいかない場合は、未払賃金を計算して内容証明郵便で請求する方法が考えられる
2. 未払い賃金は、５年前のものでも請求できる
3. 取引先に債務がある場合は、後回しになる
4. 会社が倒産の危機にあるので、我慢するしかない

A 036

Exam for Common Knowledge

①

未払い賃金の交渉がうまくいかない場合は、未払賃金を計算して内容証明郵便で請求することが考えられる

解説

仮に、会社が業績不振で給料が未払いになりそうな場合、社員の生活に多大な影響を及ぼしますので、原則として取引先に債務があっても未払い賃金は後回しになることはなく優先的に支払われなければならないものです（③）。ですから、会社が倒産の危機にあり、我慢するしかない状況の場合でも、労働組合による交渉や、組合がなければひとりでも加入できる合同交渉や地方労働委員会、労働基準監督署への申告が考えられます（④）。また、未払い賃金の交渉がうまくいかない場合は、未払賃金を計算して内容証明郵便で請求する方法が考えられます（①）。その際の注意点としては、未払い賃金の請求権の時効は２年間ですので、②の場合は過去３年分の未払い賃金賃が請求できない可能性があります。

Q 037 >>>

未払い賃金③

会社が倒産して給料が未払いの場合について正しいことは、次のうちどれか？

1. 会社に資産があっても、取引先に債務がある場合は後回しになる

2. 会社が倒産してしまっているので、泣き寝入りするしかない

3. 国の「未払い賃金の立替払制度」を利用すれば、全て受け取れる

4. 会社に資産があり、取引先に債務がある場合でも、優先して支払われる

A037

Exam for Common Knowledge

④ 会社に資産があり、取引先に債務がある場合でも、優先して支払われる

解説

会社が倒産して給料が未払いの場合、賃金の未払い分（退職金も含む）について、会社に資産があり取引先に債務がある場合でも後回しになることはありません（①④）。ただし、外部の債権者が倒産のドサクサに紛れて会社の財産を持ち出す可能性もありますので、倒産しても泣き寝入りすることなく（②）、従業員同士で結束して職場や施設・資材・商品を確保し、すぐに弁護士など法律の専門家に対応を依頼することが重要です。また、国の「未払い賃金の立替払制度」を利用する方法もありますが、立替払いの額は全額ではなく未払賃金総額の80%までです（③）。

Q 038 >>>

労災認定

通勤災害の労災認定についてほとんどあてはまらないものは、次のうちどれか？

1. 通勤途中に駅の売店でタバコを買いに行く途中に転んでケガをした
2. 休日に突然会社に呼び出され、その途中に事故に遭いケガをした
3. 風邪気味で医者に立ち寄り、遅れて出社中に事故に遭いケガをした
4. 会社帰りに映画館で映画を観て、帰宅中に事故に遭いケガをした

A 038

Exam for Common Knowledge

④ 会社帰りに映画館で映画を観て、帰宅中に事故に遭いケガをした

解説

通勤災害の労災認定について、通勤中の寄り道は「逸脱・中断」と見なされ、その後は通勤と認められません。よって④の場合は、労災と認定されません。他に、通勤途中で麻雀を行う、デートで長時間喫茶店で話し込む、バーで飲酒するなどの場合も同様です。一方、風邪気味で医者に立ち寄り、遅れて出社中に事故に遭いケガをした（③）場合や通勤途中に駅の売店でタバコを買いに行く途中に転んでケガをした（①）場合は、「日用品購入などの日常生活上必要な行為」として通勤経路に復帰した後は労災認定の対象となり、休日に突然会社に呼び出され、その途中に事故に遭いケガをした（②）場合は、「業務の性質を有するもの」に該当し、労災認定の対象となります。なお、労災認定はケースバイケースですので、判断に迷う場合は最寄の労働基準監督署などにご相談ください。

Q 039 >>>

労災保険

仕事中にケガをして病院に行くと、１ヶ月の入院が必要と言われました。この場合の労災保険について誤っているものは、次のうちどれか？

1. 労災なので治療費は補償され、後遺障害が残った場合には、障害補償が支払われる
2. 労災なので治療費は補償され、休業した場合には、休業補償が支払われる
3. 労災なので治療費は補償されるが、解雇については止むを得ない
4. 労災なので治療費は補償され、死亡した場合には、遺族補償が支払われる

A039

Exam for Common Knowledge

③ 労災なので治療費は補償されるが、解雇については止むを得ない

解説

労働者の健康や命を守るため、会社側が守らなければならない最低基準が労働安全衛生法には定められています。その中では、仕事によるケガや病気・災害が発生した場合には、労働者が安心して治療に専念できるように会社側が補償することを義務づけています。そして、その義務を果たせるように設けられたのが、労災保険制度（労災保険）です。労災保険では労災の場合、治療費が補償される以外にも、後遺障害が残った場合には、障害補償が支払われます（①）し、死亡した場合には遺族補償が（④）、休業した場合には、休業補償が支払われます（②）。また、入院期間中は原則として解雇できません（③）。昨今では、労災隠しや労災保険に未加入の会社もありますので、必ず確認してください。

Q 040 >>>

労働災害と企業負担

労働災害（労災）における企業補償について誤っているものは、次のうちどれか？

1. 最近の傾向として、過労などでうつ病になった場合、労災として認定された例がある
2. 労働者が労災で療養している間、使用者は平均賃金の６0%の休業補償をしなくてはならない
3. 平均賃金とは、過去３ヶ月分の給料の合計を３ヶ月の日数で割って算出した日額のことだが、基本給のほか残業手当や通勤手当、ボーナスも含まれる
4. 労働者が労災で療養する場合、その療養費は会社が負担しなければならない

A 040

Exam for Common Knowledge

③ 平均賃金とは、過去３ヶ月分の給料の合計を３ヶ月の日数で割って算出した日額のことだが、基本給のほか残業手当や通勤手当、ボーナスも含まれる

解説

労働災害（労災）における企業補償について、最近の傾向として過労などでうつ病になった場合に、労災として認定された例があります（①）。労働者が労災で療養する場合、その療養費は会社が負担しなければならず（④）、療養している間、使用者は平均賃金の60％の休業補償をしなくてはならない（②）と、労働基準法で規定されています（第75条、76条）。その場合の平均賃金には、基本給のほか残業手当や通勤手当は含まれますが、ボーナスは含まれません（③）。ボーナスの割合が全体の給料の中でどの位を占めるかで、支給額が変わりますので要注意です。

Q 041 >>>

就業規則①

就業規則の概要について誤っているものは、次のうちどれか？

1 就業規則は、事業場における労働条件や職場の規律を定めたもので、使用者と労働者の間の実質的な労働契約書といえるものである

2 就業規則を作成する場合、会社は労働組合あるいは労働者代表者の意見を聴くことが義務づけられているが、同意を得る必要はない

3 作成や変更された就業規則は、労働組合あるいは労働者代表の意見書を添付し、所轄の労働基準監督署に届け出されなければならない

4 就業規則は、常時１０人以上の労働者を使用する使用者に作成と届出が義務づけられているが、パートタイマーなどは１０人に含めなくて良い

A041

Exam for Common Knowledge

④ 就業規則は、常時１０人以上の労働者を使用する使用者に作成と届出が義務づけられているが、パートタイマーなどは１０人に含めなくて良い

解説

就業規則は、事業場における労働条件や職場の規律を定めたもので、使用者と労働者の間の実質的な労働契約書といえるものです（①）。また、就業規則は、常時10人以上の労働者を使用する使用者に作成と届出が義務づけられていますが、社員だけでなく、パートタイマーやアルバイトも含まれます（④）。就業規則を作成するにあたり、会社は労働組合あるいは労働者代表の意見を聴くことが義務づけられていますが、同意を得る必要はありません（②）。ただし、作成や変更された就業規則は、労働組合あるいは労働者代表の意見書を添付して、所轄の労働基準監督署に届け出されなければいけません（③）。

Q 042

就業規則②

労働内容について記載されている次の４つの法令・規約・規則のうち一番優先順位が低いものは、次のうちどれか？

1. 労働協約
2. 就業規則
3. 労働基準法
4. 憲法

A 042

Exam for Common Knowledge

② 就業規則

解説

優先順位は、憲法＞労働基準法＞労働協約＞就業規則の順です。就業規則は、会社側が一方的に作成したり、変更する権限をもっていますが、内容は憲法や労働基準法などの法令、労働協約の内容に反するもの、条件が悪いものであった場合、労働基準監督署の指示により是正しなくてはいけません。労働協約とは、使用者と労働組合との間の書面による協定のことです。もし、就業規則の内容で不審に思うことがありましたら、最寄りの労働基準監督署に相談に行くことが適切でしょう。

Q 043

労働者の定義

労働基準法における「労働者」に該当しないのは、次のうちどれか？

1. 自社の仕事を委託している在宅勤務者
2. 派遣労働者
3. 契約社員
4. フリーター

A 043

Exam for Common Knowledge

① 自社の仕事を委託している在宅勤務者

解説

業務委託で仕事をしている在宅勤務者は「委託（請負）契約」ですので、労働基準法における「労働者」には該当しません（①）。また、派遣労働者（②）と契約社員（③）は「労働者」です。④のフリーターは、アルバイトやパートタイマーの形で働いていれば「労働者」になります。

Q 044 ›››

派遣社員の業務

派遣社員に契約内容以外の仕事を命じる際、正しいものは次のうちどれか？

1. 絶対に命じてはいけない
2. 命じても、全く構わない
3. 命じる場合は、契約業務内容を確認し当人と相談の上契約内容を変更すれば可能である
4. 命じる場合は、契約業務内容を確認した上であれば、当人の意思に関係なく変更できる

A 044

Exam for Common Knowledge

③ 命じる場合は、契約業務内容を確認し当人と相談の上契約内容を変更すれば可能である

解説

労働者派遣法第39条により、原則として派遣契約内容に記載されていない仕事を命じたり（②）、契約内容を勝手に変更してはいけません（④）。しかし絶対にいけないというわけではなく（①）現実問題として、派遣先責任者と派遣元責任者が互いに連絡を密にし、派遣労働者に変更の旨を伝えて納得した上で、契約内容を変更することは可能です（③）。

Q 045

外国人労働者①

外国人の日本での勤労について誤っているものは、次のうちどれか？

1. 外国人を雇用する場合も日本の労働法を適用しなくてはならない
2. 不法就労外国人を使用している場合、使用者だけでなく斡《あっ》旋《せん》者《しゃ》も罰せられる
3. 不法就労外国人は、労災保険の適用対象外である
4. 外国人を使用している会社は、雇入れと離職時にその氏名や在留資格、在留期間を公共職業安定所に届け出なければならない

A 045

Exam for Common Knowledge

③ 不法就労外国人は労災保険の適用対象外である

解説

外国人を雇用する場合には、日本の労働法を適用しなくてはなりません（①）。また、外国人を使用している会社は、雇入れと離職時にその氏名や在留資格、在留期間を公共職業安定所に届け出なければなりません（④）。仮に不法就労外国人を雇っている場合、会社側だけでなく斡旋者も罰せられますので、要注意です（②）。ところで、不法就労外国人も労災保険の適用を受けることができます（③）ので、労災が発生した場合には速やかに、労働基準監督署に届け出てください。

Q 046

外国人労働者②

日本で活動する外国人の在留資格と就労について誤っているものは、次のうちどれか？

1. 「技術研修生」として日本に派遣されている場合は、原則として就労できない
2. 「日本文化の研究」が目的で日本にいる場合は、一定範囲で就労が可能である
3. 「プロの音楽家」として日本にいる場合は、一定範囲で就労が可能である
4. 「日本人の妻」として日本にいる場合は、就労に制限はない

A 046

Exam for Common Knowledge

② 「日本文化の研究」が目的で日本にいる場合は、一定範囲で就労が可能である

解説

在留資格は、外国人が日本で活動する目的を入国管理法で27に分類したものです。その資格によって、日本国内で就労する条件は様々です。「日本文化の研究」(②)の場合は「文化活動」に該当しますので、原則として就労できません。他に「日本人の妻」(④)の場合は「日本人の配偶者等」に該当しますので、就労に制限は特にありません。「技術研修生」(①)の場合は「研修」に該当しますので、原則として就労できません。「プロの音楽家」(③)の場合は「芸術」に該当しますので、一定範囲で就労が可能です。昨今は、外国人労働者が増加傾向ですが、在留資格は様々ですので、このように入国管理局で適切に申告・更新手続をすることが重要です。

Q 047 >>>

労働三法

労働三法にあてはまらないものは、
次のうちどれか？

1 労働基準法

2 労働関係調整法

3 労働組合法

4 労働契約法

A 047

Exam for Common Knowledge

④ 労働契約法

解説

労働契約法（④）は、会社側と労働者との間に交わされる、労働契約をめぐるルールを整備し、明確にするために制定され、2008年３月に施行されましたが、労働三法ではありません。労働三法は、以下の３つです。１.労働基準法（①）＝労働条件についての最低基準を定めたもの。主に労働契約・賃金・休暇・解雇・安全・女子や年少者について定められており、この法律を下回る労働条件は無効になります、２.労働関係調整法（②）＝大規模な争議行為（ストライキ、ロックアウト）が発生して社会生活に影響を与えるような場合、労働委員会による裁定を行うことが規定されています、３.労働組合法（③）＝「労働三権」が保障されています。詳しくは、A 48.を参照。最近では特に労働条件についての訴訟もあり、労働基準法がより重視されています。

Q 048 >>>

労働組合法

労働組合法で保障されている「労働三権」にあてはまらないものは、次のうちどれか？

1 団体投稿権

2 団体交渉権

3 団結権

4 団体行動権

A 048

Exam for Common Knowledge

① 団体投稿権

解説

労働組合法で保障されている「労働三権」は、以下の3つです。1.団結権（③）＝労働組合を結成する権利、2.団体交渉権（②）＝労働組合と使用者との団体交渉を保障する権利、3.団体行動権（④）＝ストライキなど合法的な労働争議を行うことを保障する権利。争議権とも呼ばれます。なお、①の団体投稿権は特にありません。

Q 049

労働組合

労働組合について正しいものは、次のうちどれか？

1 労働組合は、５人以上の労働者で結成できる

2 サッカーや野球のクラブが主体となって組織できる

3 一般的には、課長以上の管理者も加入できる

4 組合を結成した際、関係官庁への届出や承認は一切必要ない

A 049

Exam for Common Knowledge

④ 組合を結成した際、関係官庁への届出や承認は一切必要ない

解説

労働組合とは、「労働者が主体となって自主的に労働条件の維持改善その他経済的地位の向上を図ることを主たる目的として組織する団体またはその連合団体」をいいます（労働組合法第2条）。したがって、サッカーや野球のクラブのような、文化、スポーツなどのクラブ的な団体は労働組合に含まれません（②）。また、組合は5人以上でなく2人以上の労働者で結成できます（①）し、組合を結成した際、関係官庁への届出や承認は一切必要ありません（④）。ただし、一般的には、課長以上の管理者は加入できません（③）ので、新たに組合を作ろうと考えるときには、人選に注意しなくてはいけません。

Q 050

文書の作成と保存①

企業が発行する正式なビジネス文書において、信用性が最も高い証明方法は、次のうちどれか？

1. 署名
2. 記名捺印
3. 署名捺印
4. 捺印

A 050

Exam for Common Knowledge

③ 署名捺印

解説

ビジネス文書において、それが誰によって作成されたかということは、非常に重要です。その証しとして、署名や捺印という方法がありますが、トラブルを避けて確実にビジネスを進める上では「署名をしてもらって、さらに捺印もしてもらう」という流れを基本にしておきましょう。ちなみに、信用力の高さは、署名捺印の次に署名（①）と記名捺印（②）が同等の証明力を持ち、捺印（④）のみは、一番証明力が低いとされています。

Q 051
文書の作成と保存②

押印の種類と方法について誤っているものは、次のうちどれか？

1 訂正印とは、記載内容に訂正が出た場合に、文書の署名部分と異なる印鑑で押印すること

2 契印とは、文書が２枚以上になる場合、その文書が一体であることを証明するために両方にかかるように文書の署名部分と同じ印鑑で押印すること

3 割印とは、同一文書が２通以上作成した場合、その文書が一体であることを証明するために両方にかかるように文書の署名部分と同じ印鑑で押印すること

4 止め印とは、文書の余白部分に文字を書き加えられるのを防ぐために、最後の文字の末尾に押印すること

A 051

Exam for Common Knowledge

①

訂正印とは、記載内容に訂正が出た場合に、文書の署名部分と異なる印鑑で押印すること

解説

印鑑は、住所や氏名を署名あるいは記名した後に押印するのが一般的です。押印方法としては、契印（②）や割印（③）、訂正印（①）、止め印（④）捨て印、消印などがありますが、常に同じ印鑑で押印することが決まりです。

Q 052 >>>

文書の作成と保存③

[契約書、ビジネス文書の作成日について適切なものは、次のうちどれか？　A＝契約が成立した日、B＝契約書を作成した日、とする]

1 AとBが異なる場合は、どちらか古い方を記載するのが望ましい

2 AとBは、必ず同じでなければならない

3 AとBが異なる場合は、両方記載するのが望ましい

4 AとBが異なる場合は、どちらか新しい方を記載するのが望ましい

A 052

Exam for Common Knowledge

③ A（＝契約が成立した日）とB（＝契約書を作成した日）が異なる場合は、両方記載するのが望ましい

解説

契約書は、距離的な問題や相手の都合によって、契約書作成日（B）と契約成立日（A）が必ずしも同じ日になるとは限りません。したがって、契約書の作成日に契約が成立せず、作成から成立までの間にトラブルが起こったことも考慮して、両方記載しておく方が確実でしょう。

Q 053

文書の作成と保存④

ビジネス文書で使用される印紙について誤っているものは、次のうちどれか？

1. 印紙が貼られていない場合、印紙額とその3倍に相当する過《か》怠《たい》税《ぜい》の合計金額が科せられる
2. 印紙を貼っても消印をしていないと、印紙額と同額の過怠税を徴収される
3. 当事者双方が署名または記名捺印する契約書には、原則として必ず貼らなければならない
4. 不正な方法で印紙を貼るのを逃れようとした場合、印紙額と同額の過怠税を徴収される

A 053

Exam for Common Knowledge

④ 不正な方法で印紙を貼るのを逃れようとした場合、印紙額と同額の過怠税を徴収される

解説

印紙は、企業が作成するビジネス文書のうち、印紙税法で定められた契約（不動産の譲渡、金銭消費貸借、請負など）に関する契約書や記載額が３万円以上（消費税を除く）の領収書、手形・小切手などに貼ることが原則として義務づけられています（③）。仮に印紙が貼られていない場合、文書の効力そのものには影響がありませんが、印紙税法上の問題で貼り忘れや消印のないものには、過怠税が科せられます（①②）。さらにそれが故意のものであると罪が重くなります（④）ので、注意が必要です（１年以下の懲役か20万円以下の罰金が科せられる）。

Q 054

文書の作成と保存⑤

契約の締結後のビジネス文書の保存期間について正しい考え方は、次のうちどれか？

1. 契約が完了しても、法律で保存期間が定められているものは、一定期間残しておかなければならない
2. 契約が完了すれば、契約に至るまでの交渉のやり取りを記した文章やFAX、ｅメール、見積書や納品書などは、残しておく必要はまったくない
3. 契約が完了すれば、契約書の原本も破棄してよい
4. 契約が完了しても、相手先が倒産するまでは、契約に至るまでの交渉のやり取りを記した文章やFAX、ｅメール、見積書や納品書などは、残しておかなければならない

A 054

Exam for Common Knowledge

①
契約が完了しても、法律で保存期間が定められているものは、一定期間残しておかなければならない

解説

企業が日々作成したり、相手から受け取ったりする文書は極めて膨大ですので、全てを永久に保管するのは不可能です。だからといって、片っ端から破棄するわけにもいきません。ビジネス文書の中には、商法などの法律で保存期間が定められているものがあります（①）。例えば、契約書の原本は10年間の保存期間があります（③）し、契約が完了しても、契約に至るまでの交渉のやり取りを記した文章やFAX、eメール、見積書や納品書などは、後日裁判になった際の証拠になりえるので、契約書と一緒に保存するのが望ましいです（②）。また、それは、相手先の存続の問題ではありません（④）ので、会社の法務部門や総務部門が一元管理しておくべきです。

Q 055

内容証明郵便

内容証明郵便について誤っているものは、次のうちどれか？

1. 内容証明郵便とは、どのような内容の文書を、いつ誰から誰に発送し、いつ相手方に配達されたかを郵便局が証明してくれるサービスである

2. 証明するのは、発送した人、発送した年月日、発送した文書の内容、受け取った人、受け取った年月日の５点である

3. 裁判などで使う「証拠づくり」のために使う場合もある

4. その文章の内容の正しさについて、法律的に強い効力を持っている

A 055

Exam for Common Knowledge

④ その文章の内容の正しさについて法律的に強い効力を持っている

解説

内容証明郵便は、郵便局が1.発送した人、2.発送した年月日、3.発送した文書の内容、4.受け取った人、5.受け取った年月日の5点を相手に証明し（②）、どのような内容の文書を、いつ誰から誰に発送し、いつ相手方に配達されたかを郵便局が証明してくれるサービス（①）で、裁判などで使う「証拠づくり」のために使う場合もあります（③）が、内容が正しいかどうかまでは関知しません（④）。ただ、受け取った相手に心理的なプレッシャーをかける効果はあります。

Q 056

公正証書

公正証書について誤っているものは、次のうちどれか？

1. 公正証書とは、公証人と呼ばれる法務大臣認定の資格を持った公務員が、当事者の依頼によって作成した文書のことである
2. 公正証書は、公正取引委員会のもとで、厳重に保存される
3. 公正証書は、裁判になったときに極めて強い証拠となる
4. 「金銭の支払が遅れた場合は直ちに強制執行に服します」という内容の公正証書を交わした後、期日になっても支払いがされない場合、直ちに取り立てることができる

A 056

Exam for Common Knowledge

② 公正証書は、公正取引委員会のもとで、厳重に保存される

解説

公正証書は、当事者だけで作成された文書（いわゆる私文書）とは異なり、法律的に強い効力を持っています（③④）。そのため、公正証書は当事者の意思を公証人が十分に確認して作成しますので、後になって「契約は本意ではなかった」「だまされてサインした」などと否認される恐れはなくなります。また、公正証書の原本は公証人のもとで、5年から20年間厳重に保存されます（②）が、公証人とは、法務大臣認定の資格を持った公務員（多くは判事や検事の経験者）を指します（①）。

Q 057

私たちと契約

契約に該当しないものは、次のうちどれか？

1. Bさんは、定期券を持っているが、その区間を超えた駅で降りるために精算機で清算した
2. Dさんは、たまたま通りかかった古書店で、この本を買い求めた
3. Aさんは、コンビニエンス・ストアでお弁当を買うためにお金を支払った
4. Cさんは、偶然知人がフリーマーケットに出店しているのをみかけ、飛び込みで手伝いをした

A 057

Exam for Common Knowledge

④ Cさんは、偶然知人がフリーマーケットに出店しているのをみかけ、飛び込みで手伝いをした

解説

「偶然」「飛び込み」から考えると、もともと約束した行為ではありませんので、単なるボランティアになります。ちなみに、③はコンビニエンス・ストアと売買契約を、①は鉄道会社と運送契約を、②は古書店と売買契約を結んでいます。このように私たちは日常の様々な場面で契約を交わしているのです。

Q 058 >>>

契約①

「契約」について、次のうち誤っているものは、次のうちどれか？

1 基本的に書面に残さなければならない

2 eメールでも成立する

3 基本的に口頭だけでも成立する

4 ＦＡＸでも成立する

A 058

Exam for Common Knowledge

① 基本的に書面に残さなければならない

解説

一般的に契約は、口頭だけでも成立します（③）ので、書面に残す必要はありません（①）。ただし、証拠としては弱いので、きちんとした契約書を作成するか、あるいはｅメール（②）や、ＦＡＸ（④）、その他メモや手紙、領収書など、合意があったことを記録するものを残した方が望ましいです。

Q 059

契約②

有効な契約は、次のうちどれか？

1. 妻のいる男性の愛人となり、月々お金を受け取る契約をした
2. 賭博に使う事を知りながら、金銭貸借契約書を交わした
3. 家を借りる際に「大家は住民をいつでも即刻立ち退きさせせることができる」と書かれた賃貸契約書を交わした
4. １９歳の既婚者とマンションの賃貸借契約を交わした

A 059

Exam for Common Knowledge

④ 19歳の既婚者とマンションの賃貸借契約を交わした

解説

未成年者は、本来法定代理人の同意がなければ契約などの法律行為を行うことができませんが、結婚していれば成年として扱われ、契約は有効となります（④）。③は、借地借家法で禁止されており無効、①と②は、民法第90条による「公序良俗に違反する契約は無効」に該当します。このように、契約には有効なものと無効のものが混在していることがありますので、注意が必要です。

Q 060 >>>

インターネットの契約

インターネット上の電子商取引について次のうち誤っているものは、次のうちどれか？

1. 消費者が注文のメールを出し、販売会社が受注した返信メールを送り、消費者がそのメールを受け取った時点で原則として契約は成立する
2. 受注の通知メールが文字化けしている場合には、契約は成立しない
3. コンピュータの操作ミスで、誤った注文をした場合には、過失と見なされる
4. コンピュータでは注文の申込みが簡単にできるので、事業者は、申し込みの確認画面を設けることで、操作ミスによるトラブルを未然に防いでいる

A 060

Exam for Common Knowledge

③ コンピュータの操作ミスで、誤った注文をした場合には、過失と見なされる

解説

1990年代後半から本格的に普及し始めたインターネットは、ビジネスの世界では不可欠なツールとして定着しています。そのため、インターネット上で商品の売買も日常化され、それに伴いトラブルも増えています。インターネット上の電子商取引については、消費者が注文のメールを出し、販売会社が受注した返信メールを送り、消費者がそのメールを受け取った時点で契約は成立します（①）が、その際、受注の通知メールが文字化けしている場合には、契約は成立しません（②）。また、消費者保護の観点から電子商取引法では、コンピュータの操作ミスで注文者が誤った注文をした場合には、過失と見なさないとしています（③）。さらに、コンピュータでは注文の申し込みが簡単にできますので、販売会社側は申し込みの確認画面を設けることで、操作ミスによるトラブルを未然に防いでいます（④）。

Q 061 >>>

契約の成立①

あなたは八百屋で「大根を２本とっておいてください」と店主に言い、店主は「あいよ」と言いました。帰宅時に店主は大根を渡し、あなたは代金を支払いました。法律的に契約が成立しているのは、次のうちどの時点か？

1. あなたが「大根を２本とっておいてください」と言ったとき
2. 口頭の注文なので、そもそも契約は正式には成立していない
3. あなたが代金を支払ったとき
4. 店主が「あいよ」と言ったとき

A 061

Exam for Common Knowledge

④ 店主が「あいよ」と言ったとき

解説

契約は一方の「申し込み」に対する相手の「承諾」があって正式に成立します。この場合はあなたの「大根を２本とっておいてください」（①）が申し込みで、それに対する店主の「あいよ」が承諾になります（④）。なお、契約は口頭でも成立します（②）。したがって、①の段階は、申し込みの意思表示だけですので、まだ契約は成立していません。またこの場合、大根２本を黙ってとってお金を渡せば、その時点で契約は成立します（③）。

Q 062

契約の成立②

沖縄に住むＡさんが東北地方の酒造のＢ社に限定生産の日本酒の購入を申し込みました。正しいものは、次のうちどれか？

1. ハガキで申し込んだ場合、Ｂ社から出した承諾の意思表示がＡさんのところに届かなければ、契約は正式に成立したことにはならない
2. ハガキで申し込んだ場合、Ａさんからの申し込みハガキがＢ社に届かなくても、Ａさんは申し込みをしたことになる
3. ＡさんがＢ社のホームページから申し込んだ場合、Ｂ社からの承諾の返信メールがＡさんに届けば、契約は正式に成立したことになる
4. ＡさんがＢ社のホームページから申し込んだ場合、契約は自動的に成立したことになる

A 062

Exam for Common Knowledge

③ Aさんが B社のホームページから申し込んだ場合、B社からの承諾の返信メールがAさんに届けば、契約は正式に成立したことになる

解説

民法のいわゆる「隔地者間の意思表示」についての問題です。基本的に「申し込み」は、相手に到達しなければ効力を生じませんが（到達主義）、「承諾」は、相手に発信しただけで有効となります（発信主義）。ですから①は、B社が承諾の意思表示をした時点で契約は成立しますし、②は、申し込みハガキがB社に届いていないため、申し込みの効力が生じていません。しかし、インターネットで売買を行う場合は電子契約法により、「承諾」についても到達主義が採られています。したがって、正解は③です。ちなみに④は、申し込み確認メールなどの形でB社からの承諾がまだ出ていませんので、契約は不成立です。

Q 063

契約の当事者資格①

契約を行っても無効とされないのは、次のうちどれか？

1 19才の既婚者

2 重度の精神障害者

3 泥酔者

4 重度の認知症者

A 063

Exam for Common Knowledge

① 19才の既婚者

解説

契約の当事者となるには、有効に意思表示する能力があることが前提となります。したがって、泥酔者（③）や重度の精神障害者（②）、重度の認知症者（④）が行った契約は無効です。また、未成年者の場合は、原則として本人だけの契約は無効とされ、契約の際には、法定代理人の同意が必要です。ただし、19才の既婚者（①）の場合には、結婚により成年として扱われますので、契約を行った場合は有効となります。

Q 064 ≫

契約の当事者資格②

法人契約の締結ができない者は、次のうちどれか？

1. 代理権を与えられた支店長
2. 代表権のない社長
3. 代表権のある専務
4. 代理権を与えられた課長

A 064

Exam for Common Knowledge

② 代表権のない社長

解説

代表者はその法人の代表ですから、契約を締結することができます。一方、代表権を委託する場合は代理権になりますが、代表権と同等の権利です。したがって、①③④の場合は、法人契約の締結ができます。なお、②のように代表権のない役職もありますので、名刺を頂いた際には、「代表」と記載されているかどうか注意が必要です。

Q 065 契約の当事者資格③

正式な代理人が本人に代わって契約を結んだ場合、その契約に基づく権利と義務の責任者は、次のうちどれか？

1. 代理人にある
2. 本人と代理人の両方にある
3. 誰にもない
4. 本人にある

A 065

Exam for Common Knowledge

④ 本人にある

解説

最近では、スポーツ選手の契約更新の際によく話題になりますが、代理人が本人に代わって契約を結んだ場合、その契約に基づく権利と義務は、最終的に代理人を依頼した本人が責任を取らなくてはなりません。したがって、よく考えた上で代理人に依頼する必要があります。

Q 066

契約の当事者資格④

法定代理人の同意がなくても契約が有効とされるのは、次のうちどれか？

1. 親権者のいない満20歳未満の人
2. 満18歳以上20歳未満の人すべて
3. 結婚している満20歳未満の人
4. 両親が離婚している満20歳未満の人

A 066

Exam for Common Knowledge

③ 結婚している満20歳未満の人

解説

原則として、満20歳未満の未成年者が契約などの法律行為を行うときは、法定代理人の同意が必要となります（②）。法定代理人は親権者がなり、通常は両親ですが、離婚している場合にはどちらか一方が決められます（④）。また、親権者がいない場合は、家庭裁判所が選任した未成年後見人が法定代理人になります（①）。一方、結婚している満20歳未満の場合（③）は、結婚により成年として扱われますので、法定代理人の同意がなくても契約が有効とされます。このように契約の場合は、年齢とともに婚姻関係の確認が必要です。

Q 067

契約書①

契約書の形式として正しいものは、次のうちどれか？

1 日本語の契約書の場合、横書きは縦書きと比べると効力は落ちる

2 消されたり、改ざんされる可能性があるので、鉛筆書きは認められない

3 長期の保存に耐えられるものであるべきだが、用紙の種類は特に指定されていない

4 当事者双方が署名捺印しなければならず、一方だけが署名捺印した念書は、効力が認められない

A 067

Exam for Common Knowledge

③ 長期の保存に耐えられるものであるべきだが、用紙の種類は特に指定されていない

解説

日本語の契約書の場合、横書きも縦書きも効力は変わりません（①）し、鉛筆書きでも構いませんが、消えたり改ざんされる可能性に注意が必要です（②）。また、当事者双方が署名捺印する連署式も、一方だけが署名捺印する差入式（一般的に「念書」というタイトルがつけられる）も効力は変わりません（④）。ただビジネス上は、なるべく過去の事例に従うことで極力トラブルを避けるように努めましょう。

Q 068

契約書②

契約書の標題・内容として正しいものは、次のうちどれか？

1 「覚書」は双方の意思を確認するときに用い、正式な契約書にするときには「○○契約書」とした方が法律的効力は大きい

2 印紙は、契約の金額・内容に応じて貼り付ける種類が異なる

3 契約日と契約書作成日が異なる場合は、どちらか遅い日に契約書の日付を合わせなくてはならない

4 前文・末文は、本文の記載事項が多い場合には省略しなくてはならない

A 068

Exam for Common Knowledge

② 印紙は、契約の金額・内容に応じて貼り付ける種類が異なる

解説

契約書は、当事者同士の合意により日付を一致させることが望ましいです（③）。また、「覚書」も「○○契約書」も法律的効力は変わりません（①）し、前文・末文は、本文の記載事項が多い場合でも省略しない方がトラブル防止になります（④）。ビジネス上は、なるべく過去の事例に従うことで極力トラブルを避けるように努めましょう。

Q 069 >>>

契約書に代わるもの

契約書に準ずる証拠として適切ではないのは、次のうちどれか？

1. 買い物メモ
2. 合意メモ
3. 領収書
4. 注文書

A 069

Exam for Common Knowledge

② 買い物メモ

解説

これは冗談ですが、ビジネス上の取引では、必ず契約書を交わすことが望ましいといっても、実際には正式に契約書を交わす前に取引が始まってしまうことがよくあります。そこで②③④といったものが、契約書に準ずる証拠として必要になるのです。他には、発注書・納品書・信書なども証拠となりえますので、しっかりと取引の証拠を残しましょう。

Q 070 >>>

契約締結後①

A社はB社に商品を納品したが、
日になっても商品代金を支払っ
なかった。その対応として誤っ
は、次のうちどれか？

1 B社と協議の結果、商品の代金
ってもらった

2 裁判所に訴えて、損害賠償を請

3 契約で認められた解除権を行使
無効にした

4 B社の了解を得ずに、商品を回

【訂正表】
以下のページに誤りがありました。
訂正するとともにお詫び申し上げます。
142ページ解答
【誤】②買い物メモ　→　【正】①買い物メモ

A 070

Exam for Common Knowledge

4　B社の了解を得ずに、商品を回収した

解説

契約は単なる約束とは違います。なぜなら契約をした当事者は、法の下で相手に対して一定の義務を負うと同時に権利を得ることになるからです。ですから、一旦成立した契約を解消する場合には、お互いの合意が必要となります。したがって設問の場合、B社と協議の結果、商品の代金を分割で支払ってもらうこと（①）や、契約で認められた解除権を行使して、契約を無効にすること（③）、裁判所に訴えて、損害賠償を請求すること（②）は合法ですが、B社の了解を得ずに勝手に商品を回収すること（④）は、「当事者の一方が法律上の手続を踏まずに自分の力で履《り》行《こう》させること」を意味し、いわゆる「自力救済」として法律で禁止されているのです。

Q 071 >>>

契約締結後②

契約締結後、紛争状態になった相手とのやり取りについて誤っているものは、次のうちどれか？

1 代金の支払や商品の引渡しなど、実行を催促する文書として、催告書がある

2 契約を解除するなど、一定の意思表示をする文書として、通知書がある

3 先方から全く反応がない場合には、「返事がないと、お宅がどうなるか分かってますよね？」と強気に出るのも止むを得ない

4 催告書や通知書を送る際、内容証明郵便を利用することが重要である

A071

Exam for Common Knowledge

③ 先方から全く反応がない場合には、「返事がないと、お宅がどうなるか分かってますよね？」と強気に出るのも止むを得ない

解説

契約を結んだ当事者がそれぞれの義務を果たしていれば、日常的な連絡は電話やメールで行われ、正式な文書をやり取りすることはほとんどありません。しかし、契約締結後、紛争状態になった相手とのやり取りにつきましては、通知の授受自体が争われることもあります。そこで、例えば代金の支払や商品の引渡しなど、実行を催促する文書として使用する催告書（①）や、契約を解除するなど、一定の意思表示をする文書として使用する通知書（②）が存在します。なお、催告書や通知書を送る際には、後日の紛争を避けるために内容証明郵便を利用することが重要です（④）。仮に、先方から全く反応がないときに、「返事がないと、お宅がどうなるか分かってますよね？」と強気に出るような「恐喝」まがいのことは、いかなる場合も避けなければいけません（③）。

Q 072

契約の無効・取り消し

有効な契約は、次のうちどれか？

1. Aは、500万円で買った新車を友人Bに「1万円で売るよ」と言った。Bは冗談だと分かっていたが、買うと言った
2. Aは、土地の差し押さえを免れる為、友人Bと共謀してその土地をBに売ったことにして名義もBに変更した
3. Aは、ボーナスがたくさんもらえると思って100万円の指輪を注文したが、予想以上に少なかったので、慌てて取り消した
4. Aは、10万円で買った宝石を友人Bに「15万円で買わないと君の身の安全は保証できない」と脅迫し、Bはそれを買ってしまった

A 072

Exam for Common Knowledge

③ Aは、ボーナスがたくさんもらえると思って100万円の指輪を注文したが、予想以上に少なかったので、慌てて取り消した

解説

契約は、当事者同士の「意思の一致」によって成立します。一方、意思が合致しなければ、契約内容は無効・取り消しとなります。したがって、①は心《しん》裡《り》留《りゅう》保《ほ》（自分の本心でないことを知りながら意思表示すること）のため、②は虚偽表示のため、④は脅迫のため、それぞれ契約は無効となり取り消されます。また③は、いわゆる錯誤（誤解、勘違いによる意思表示）ですが、単に契約の前提事実に勘違いがあるだけですので（これを「動機の錯誤」といいます）、注文は取り消せません。このように契約が成立しない場合もありますので、契約の場面では慎重に事を進めましょう。

Q 073 >>>

契約の違反

相手側に契約違反があった場合について誤っているものは、次のうちどれか？

1. 契約を無効にした場合、既に代金や品物を先にもらっていれば、返還する必要がある
2. 違反によって損害が発生した場合、契約違反をした相手は、損害賠償責任を負う
3. 契約を無効にできる
4. 契約を無効にした場合、契約違反をされた側は契約前の状態に戻す必要はない

A073

Exam for Common Knowledge

④ 契約を無効にした場合、契約違反をされた側は、契約前の状態に戻す必要はない

解説

契約を結んだ当事者は、お互いに拘束されますが、相手方が契約に違反した場合には、契約を無効にできます（③）。契約を無効にした場合、原状回復義務により契約違反をされた側は契約前の状態に戻さなくてはなりません（④）ので、既に代金や品物を先にもらっていれば、返還する必要があります（①）。また、違反によって損害が発生した場合、契約違反をした相手は、損害賠償責任を負います（②）。このように、契約を違反した場合、法律上様々な請求や行為が発生します。

Q 074 >>>

覚書・念書

覚書・念書について正しいものは、
次のうちどれか？

1 覚書とは、契約の当事者の一方が相手方に対して差し入れる誓約書的なものである

2 覚書・念書は、契約書よりもその効力は落ちる

3 念書とは、契約の当事者間における簡単な合意を書面にしたものである

4 覚書・念書は、契約書と同等のものとして扱われる

A 074

Exam for Common Knowledge

④ 覚書・念書は、契約書と同等のものとして扱われる

解説

覚書と念書は、契約書という名前はついていませんが、契約書と同等のものとして扱われます（④）ので、その効力が落ちることはありません（②）。また念書とは、契約の当事者の一方が相手方に対して差し入れる誓約書的なもので（①）、覚書とは、契約の当事者間における簡単な合意を書面にしたものです（③）。

Q 075 >>>

手形

手形の説明について誤っているものは、次のうちどれか？

1 手形とは有価証券の一種である

2 一度でも手形を発行する人（振出人）が期日までに手形の代金を用意できなかった場合、その手形は「不渡処分」となり、即日「銀行取引停止」処分となる

3 手形で支払うことによって、多額の現金の持ち運び、または輸送によるコストやリスクが避けられる

4 手形を振り出すには、取引銀行との間に当座勘定口座を開かなければならない

A 075

Exam for Common Knowledge

② 一度でも手形を発行する人（振出人）が期日までに手形の代金を用意できなかった場合、その手形は「不渡処分」となり、即日「銀行取引停止」処分となる

解説

手形とは有価証券の一種で（①）、手形を振り出す（発行する）には、取引銀行との間に当座勘定口座を開く必要があります（④）。手形のメリットとしては、手形で支払うことによって、多額の現金の持ち運び、または輸送によるコストやリスクが避けられたり（③）、手形を振り出すことによって、代金は手形の支払期日までに用意できれば良いので、資金繰りに余裕ができることが挙げられます。しかも「不渡処分」が6ヶ月以内に2回続くと（②）速やかに「銀行取引停止」処分となりますので、振出人は何としても手形を決済しようと努力し、確実に債権回収ができます。

Q 076 ≫

手形の振り出し

手形の記入事項について正しいものは、次のうちどれか？

1 手形の振出しにあたり、必ず記入されていなければならない項目が９ヶ所ある

2 金額は、途中で変造されないように、金額の前に￥をつけておくだけで良い

3 金額は、途中で変造されないように、必ず手書きでなければならない

4 手形金額を支払う支払期日は４種類あり、その中の「確定日払」は、手形の振出日から１週間後に支払われる

A 076

Exam for Common Knowledge

① 手形の振出しにあたり、必ず記入されていなければならない項目が９ヶ所ある

解説

手形の振り出しにあたり、必ず記入されていなければならない項目が9ヶ所あります（1.「約束手形」という文字、2.手形金額、3.支払約束文句、4.支払期日、5.支払地、6.受取人、7.振出日、8.振出地、9.振出人)。ビジネス上は、なるべく過去の事例に従うことで極力トラブルを避けることが必要ですが、2.手形金額につきましては、金額は一般的にはチェックライターを使用し（③)、チェックライターの場合、金額の前に「¥」、後ろに「※」や「★」を印字し、手書きの場合は前に「金」、後ろに「円也」と書き入れる必要があります（②)。また、4.支払期日は、「確定日払」「一覧払」「一覧後定期払」「日付後定期払」と4種類ありますが、確定日払は特定の年月日のことで、日祝祭日や金融機関の休業日は、記載日の翌営業日が、支払確定日となり（④)、ほとんどの手形取引は、このパターンです。

Q 077 >>>

手形の取扱注意事項

手形の取扱注意事項について誤っているものは、次のうちどれか？

1. 裏書することによって、支払期日前に他人に譲渡して、現金のように使う事ができる
2. 手形が支払期日に支払銀行で呈示され、無事に決済されることを「手形が落ちる」と言う
3. 商品代金を、他の者が振り出した手形で支払う場合は、一度銀行に持参して確認するのが望ましい
4. 手形の振出日から支払い期日までの期間が短ければ短いほど、不渡りになる可能性が高い

A 077

Exam for Common Knowledge

④ 手形の振出日から支払い期日までの期間が短ければ短いほど、不渡りになる可能性が高い

解説

手形の取扱には、注意が必要です。手形が支払期日に支払銀行で呈示され、無事に決済されることを「手形が落ちる」と言います（②）が、裏書することによって、支払期日前に他人に譲渡して、現金のように使う事もできます（①）。ただし、手形は一般的に、手形の振出日から支払い期日までの期間が長ければ長いほど資金繰りが厳しく、不渡りになる可能性が高いです（④）。また、商品代金を他の者が振り出した手形で支払う場合は、一度銀行に持参して確認するのが望ましいです（③）。

Q 078

小切手

小切手について正しいものは、次のうちどれか？

1 支払人の信用を利用して将来の日における支払を約束する信用証券である

2 小切手を持参した人に対して、銀行は記載金額から５％の手数料を引いて支払う

3 経済的機能によって、当座小切手や送金小切手、日銀小切手などに分類されている

4 トラベラーズチェックは、国内旅行者が現金を持ち歩く危険を防ぐために使われる

A 078

Exam for Common Knowledge

③ 経済的機能によって、当座小切手や送金小切手、日銀小切手などに分類されている

解説

小切手とは、小切手法に基づいて振出人が第三者である支払人（銀行）にあてて振り出し、小切手を受け取った人は銀行に持参して、記載金額と交換する仕組みです（②）。小切手は手形と似ていますが、現金の代わりとなる支払の手段である「支払証券」にすぎません。①は、手形の説明です。また小切手は、その機能によって当座小切手や送金小切手、日銀小切手などに分類されます（③）が、身近なのは現金を持ち歩く危険を防ぐために使われる海外旅行者向けの（④）トラベラーズチェックでしょう。

Q 079

小切手の取扱注意事項

小切手の取扱注意事項について誤っているものは、次のうちどれか？

1 受け取った小切手（流通中のもの）を紛失した場合、小切手を振り出した人に連絡して、小切手事故届を銀行に提出するようにお願いしなくてはならない

2 小切手の流通・決済は、手形のように手形交換所を経由するのとは異なり、銀行間で直接決済される

3 原則として小切手に記載された振出日から10日以内に金融機関に持ち込まなくてはならない

4 受け取った小切手（流通中のもの）を紛失した場合、警察に紛失届を提出し、紛失届出証明書を発行してもらう必要がある

A 079

Exam for Common Knowledge

② 小切手の流通・決済は、手形のように手形交換所を経由するのとは異なり、銀行間で直接決済される

解説

原則として小切手に記載された振出日から10日以内に金融機関に持ち込まなくてはなりません（③）。また、小切手の流通・決済は、手形と同様に手形交換所を通じて、決済されます（②）。万一、受け取った小切手（流通中のもの）を紛失した場合には、警察に紛失届を提出し、紛失届出証明書を発行してもらう（④）と同時に、小切手を振り出した人に連絡して、小切手事故届を銀行に提出するようにお願いしなくてはなりません（①）。このように、小切手の取扱には、注意が必要です。

Q 080

法人

法人について誤っているものは、次のうちどれか？

1. 法人とは、一定の条件のもと権利能力を与えることで法的に独立した団体・組織のことである
2. 法人が起こしたことについての責任は、法人構成員が直接負うことになる
3. その設立目的や性格によって「公法人」と「私法人」に分類できる
4. 契約の当事者となったり、財産を所有することができる

A 080

Exam for Common Knowledge

② 法人が起こしたことについての責任は、法人構成員が直接負うことになる

解説

現代においては、個人以外の様々な団体・組織に一定条件のもとで権利能力を与えて、「法人」（①）として独立した法的な主体として扱うことが合理的です。法人は、その設立目的や性格によって「公法人」と「私法人」に分類され（③）、契約の当事者となったり、財産を所有することができます（④）。また、法人が起こしたことの責任は、法人構成員が直接負わずに、法人自体が負うことになります（②）。

Q 081

会社の種類①

株式会社について正しいものは、次のうちどれか？

1. 株式会社とは、社債を発行することで投資家（株主）から資金を集め、その資金を使って事業を行う会社形態のことである
2. 株式は、証券取引所以外で自由に売買することはできない
3. 設立には最低1,000万円の資本金が必要である
4. 中小企業の場合は、「株主＝経営者」というオーナー経営も珍しくない

A 081

Exam for Common Knowledge

④ 中小企業の場合は、「株主＝経営者」というオーナー経営も珍しくない

解説

株式会社とは、株式を発行することで投資家（株主）から資金を集め、その資金を使って事業を行う会社形態のことです（①）。株式は、原則として自由に売買することができます（②）が、中小企業の場合は、「株主＝経営者」というオーナー経営も珍しくありません（④）。設立には最低1,000万円の資本金が必要でしたが、2006年５月の会社法施行により、資本金が１円から設立できるようになりました（③）。

Q 082

会社の種類②

会社制度について誤っているものは、次のうちどれか？

1. 会社（企業）とは、私法人のうち営利法人のことを指す
2. 事業の結果得られた利益は最終的には、出資者に還元される
3. 事業の結果損失が発生した場合には、会社の従業員が責任を負う
4. 会社法では、株式会社、合名会社、合資会社、合同会社の４種類に分類される

A 082

Exam for Common Knowledge

③ 事業の結果損失が発生した場合には、会社の従業員が責任を負う

解説

会社（企業）とは、私法人のうち営利法人のことを指します（①）。会社法では、株式会社、合名会社、合資会社、合同会社の4種類に分類されます（④）が、事業の結果得られた利益は最終的には、出資者に還元され（②）、事業の結果損失が発生した場合には、最終的には出資者が責任を負います（③）。

Q 083

会社の種類③

2006年5月の会社法施行により、株式会社設立の際、資本金の最低金額について正しいものは、次のうちどれか？

1 1円

2 100円

3 10円

4 1,000円

A 083

Exam for Common Knowledge

① 1円

解説

株式会社の設立には最低1,000万円の資本金が必要でしたが、2006年5月の会社法施行により、資本金が1円から設立できるようになりました（①）。

Q 084

個人情報保護法

個人情報保護法の対象となる事業者は、次のうちどれか？

1. 10年後に個人データの保有数が 1,000名以上を目標にしている事業者
2. 個人データを 5,000名以上保有する事業者
3. 個人データを 50名以上保有する事業者
4. 個人データを 500名以上保有する事業者

A 084

Exam for Common Knowledge

② 個人データを5,000名以上保有する事業者

解説

個人情報保護法は、2005年4月より施行され、正式名は「個人情報の保護に関する法律」のことです。個人情報保護法の対象となる事業者は、個人データを5,000名以上保有する事業者ですので、②が該当します。

Q 085

定款

定款について正しいものは、次のうちどれか？

1 2006年5月の会社法施行によって、定款で自由に定められる事項は減少した

2 内容は、法律で絶対に入れなくてはならないものと、それ以外のものからなる

3 会社設立時の発起人全員が署名あるいは記名押印して初めて効力が生じる

4 定款とは、株式会社だけに特有の運営に関する様々な規則を定めたものである

A 085

Exam for Common Knowledge

② 内容は、法律で絶対に入れなくてはならないものと、それ以外のものからなる

解説

定款とは、株式会社だけでなく社団法人や財団法人といった公益法人にも必ずあります（④）が、自社の運営に関する様々な規則を定めたものです。また定款は、会社設立時の発起人全員が署名あるいは記名押印し、さらに公証人の認証を受けて初めて効力が生じます（③）。定款の内容は、法律で絶対に入れなくてはならないもの（絶対的記載事項）と、それ以外のもの（相対的記載事項・任意的記載事項）からなります（②）が、2006年5月の会社法施行によって、会社が定款によって自主的に運営される「定款自治」の範囲が大きく広がりました（①）。

Q 086

商業登記制度

商業登記制度について正しいものは、次のうちどれか？

1. 登記の申請は、本店所在地の住所を管轄する登記所の窓口で必ず申請しなくてはならない
2. 登記とは、登記所にある非公開の登記簿に、会社の商号・目的・本店所在地・代表者氏名などの情報を記載することである
3. 登記所は、市町村役場に窓口がある
4. 株式会社をはじめ会社は、設立登記をして初めて法的に成立する

A086

Exam for Common Knowledge

④ 株式会社をはじめ会社は、設立登記をして初めて法的に成立する

解説

株式会社をはじめ会社は、設立登記をして初めて法的に成立します（④）が、登記とは、登記所にある登記簿に、会社の商号・目的・本店所在地・代表者氏名などの情報を記載し、非公開ではなく公開することを言います（②）。また登記所は、市町村役場ではなく、本店所在地の住所を管轄する法務局にあります（③）が、登記の申請は、本店所在地の住所を管轄する登記所の窓口の他に、郵送やインターネットでも可能となりました（①）。

Q 087 >>>

情報開示

情報開示（ディスクロージャー）について正しいものは、次のうちどれか？

1. 会社は３年に一度、株主に対して業績や財務内容を情報開示しなくてはならない
2. すべての株式会社は、投資家をはじめ社会に対するアカウンタビリティ（説明責任）として、公に決算書を開示する義務がある
3. 会社は、決算書の承認を受けるために定時株主総会を招集する際の通知に決算書を添付しなければならない
4. すべての上場企業は、決算日から６ヶ月以内に、活動内容を様々な観点から記した有価証券報告書の提出が義務づけられている

A 087

Exam for Common Knowledge

③ 会社は、決算書の承認を受けるために定時株主総会を招集する際の通知に決算書を添付しなければならない

解説

会社は３年に一度ではなく、年に一度（①）、株主に対して業績や財務内容を、情報開示しなくてはなりません。そこで会社はまず、決算書の承認を受けるために定時株主総会を招集する際の通知に決算書を添付しなければなりません（③）。さらに、すべての株式会社ではなく、株式市場に上場している会社（②）は、投資家をはじめ社会に対するアカウンタビリティ（説明責任）として、公に決算書を開示する義務があります。また、すべての上場企業は、決算日から６ヶ月ではなく３ヶ月以内に（④）、活動内容を様々な観点から記した有価証券報告書の提出が義務づけられています。

Q 088

企業の社会的責任

最近、新聞やニュースで話題になっているが、「企業経営者だけでなく社員一人ひとりが肝に命ずべき法令遵守」のことを何と言うか？

1 コンプライアンス

2 コーポレートガバナンス

3 コンセンサス

4 コラボレーション

A088

Exam for Common Knowledge

①　コンプライアンス

解説

ビジネス社会で大きな影響力を持っているのは企業ですが、近年の不祥事の多発のため、その信頼性が大きく揺らいでいます。だからこそ、コンプライアンスの重要性が叫ばれているのです。この言葉をよく覚えておいてください。ちなみに③のコンセンサスとは、複数の人による合意のこと、②のコーポレートガバナンスとは、「企業統治」と訳され、企業における意思決定の仕組みのこと、④のコラボレーションとは、共同作業や共同製作のことです。

Q 089 »»

株式会社の機関①

株式会社の株主総会・取締役会について正しいものは、次のうちどれか？

1. 代表取締役の選定・解職・監督は、取締役会が設置されている場合であっても株主総会で行う
2. 最高の意思決定機関は、取締役会である
3. 取締役の人数は、法律で定まっている他、定款で決めることができる
4. 取締役会を設置しない場合は、代表取締役がその代わりとなる

A 089

Exam for Common Knowledge

③ 取締役の人数は、法律で定まっている他、定款で決めることができる

解説

株式会社設立にあたり定款を定めますが、取締役の人数を決めることができます（③）。また、実際に株式会社を運営する機関には、株主総会・取締役会・監査役会などがあります。そのうち取締役会では、代表取締役の選定・解職・監督を行います（①）が、取締役会を設置しない場合は、株主総会がその代わりとなります（④）。そう考えますと、最高の意思決定機関は会社の出資者（＝オーナー）である株主で構成されている株主総会なのです（②）。

Q 090 株式会社の機関②

株式会社の会計参与・監査役について正しいものは、次のうちどれか？

1 株式会社は、監査役３人以上からなる監査役会を置くことができる

2 会計参与は、必ず設置しなくてはならない

3 監査役は、会社法でその設置が義務付けられている

4 会計参与は、簿記１級の資格保持者でなければならない

A 090

Exam for Common Knowledge

①

株式会社は、監査役３人以上からなる監査役会を置くことができる

解説

株式会社は、監査役３人以上からなる監査役会を設置でき（①）、監査役は取締役会が置かれている会社であれば、必ず設置しなくてはなりません（③）。一方、会計参与の設置は任意で（②）、公認会計士か税理士でなければなりません（④）。

Q 091 >>>

株主の権利と株主総会

株式会社における株主の権利と株主総会について誤っているものは、次のうちどれか？

1. 株主総会の特別決議には、取締役の選任・解任、取締役の報酬決定などがある
2. 株主は、出資者として配当などの経済的利益を得る自益権を持っている
3. 株主は、オーナーとして会社の経営を監督する共益権を持っている
4. 株主総会の普通決議は、議決権の過半数以上の株主が出席し、出席株主の過半数以上の議決権が必要である

A 091

Exam for Common Knowledge

① 株主総会の特別決議には、取締役の選任・解任、取締役の報酬決定などがある

解説

株式会社における株主は、出資者として配当などの経済的利益を得る自益権（②）と、オーナーとして会社の経営を監督する共益権を持っています（③）。また、株主は原則として1株につき1個の議決権を持ち株主総会で行使できますが、必要な賛成の割合は議案ごとに異なります。例えば、取締役の選任・解任、取締役の報酬決定などがある普通決議（①）は、議決権の過半数以上の株主が出席し、出席株主の過半数以上の議決権が必要です（④）。その他特別決議や特殊決議があります。

Q 092 >>>

取締役の義務と責任

株式会社における取締役の義務と責任について正しいものは、次のうちどれか？

1. 代表取締役からの委任によって会社経営にあたり、責任を負う立場にある
2. 同時に複数の会社の取締役を務めることが可能である
3. 常に自己の利益が最大となるように行動し、自己の利益を犠牲にして、会社または第三者の利益を図ってはならない
4. その任務を怠り会社に損失を与えた場合であっても、辞任をしてはならない

A 092

Exam for Common Knowledge

② 同時に複数の会社の取締役を務めることが可能である

解説

取締役は、代表取締役ではなく株主の委任によって（①）会社経営にあたり、責任を負う立場にあります。したがって、常に自己ではなく会社の利益が最大となるように行動し、会社の利益を犠牲にして、自己または第三者の利益を図ってはならないとされています（③）。また、同時に複数の会社の取締役を務めることが可能ですが（②）、その任務を怠り会社に損失を与えた場合、会社に対して損害賠償責任を負わなくてはなりません（④）。

Q 093 >>>

インサイダー取引

インサイダー取引について違法ではないものは、次のうちどれか？

1. 知り合いから「これはまだ内緒の話なんだけれど…」という情報を聞き、株式を買った

2. 新しく営業担当になった企業のことを知るため、挨拶に行く前日に会社四季報を読んで株式を買った

3. 取引先と業務提携を行う情報を公表前にキャッチし、妻に株式を買うように連絡した

4. 役員の机にあった「ライバル社との合併計画書」が偶然目に入り、急いで株式を買った

A093

Exam for Common Knowledge

② 新しく営業担当になった企業のことを知るため、挨拶に行く前日に会社四季報を読んで株式を買った

解説

インサイダー取引について、まだ公表されていない重要事実を知って株式の売買を行うことは、当事者でなくてもインサイダー取引にあたり、金融商品取引法上、罰せられます。したがって知り合いから「これはまだ内緒の話なんだけれど…」という情報を聞いたり（①）、役員の机にあった「ライバル社との合併計画書」が偶然目に入っても株式を売買してはいけません（④）。また、妻に株式を買うように連絡するのも公表前の情報を元にしているのであれば、違反となります（③）。また、就業時間中に株式取引を行うことは、就業規則違反になる可能性が高いので要注意です。なお、会社四季報などの、既に公開されている情報を元に株式を買うのはインサイダー取引ではありません（②）。

Q 094

独占禁止法

独占禁止法について誤っているものは、次のうちどれか？

1. 独占禁止法とは、特定の企業が市場を独占した結果、消費者に不利益が生じることを防ぐために制定された法律のことである
2. 独占禁止法で規制する行為には、「合併」「入札談合」「抱き合わせ販売」などがある
3. 独占禁止法は、独占禁止委員会が運用・執行する
4. 独占禁止法に違反した企業に対しては、排除措置命令が下され、課徴金などが課される

A 094

Exam for Common Knowledge

③ **独占禁止法は、独占禁止委員会が運用・執行する**

解説

独占禁止法とは、特定の企業が市場を独占した結果、消費者に不利益が生じることを防ぐために制定された法律のことです（①）。独占禁止法は、独占禁止委員会ではなく、公正取引委員会が運用・執行しますが（③）、独占禁止法で規制する行為には、「合併」「入札談合」「抱き合わせ販売」「販売価格の拘束」「下請けいじめ」などがあります（②）。独占禁止法に違反した企業に対しては、排除措置命令が下され、課徴金などが課されます（④）。その他、違反を知りながら是正しなかった企業やその代表者・社員には、懲役や罰金などの刑事罰や、損害賠償責任が発生します。

Q 095

景品表示法

景品表示法の不当表示に該当しないものは、次のうちどれか？

1. クチコミ戦略で「あの店は美味しい」と評判にさせた
2. 店頭で「メーカー希望小売価格の半額！」と表示したが、実際にはメーカー希望価格を設定していなかった
3. 広告チラシには「地域一番の安さ」と表示したが、実際は根拠のないものだった
4. 広告には「50%引き」と記載したが、来た人には「売切れ」と言って他の商品を勧めた

A 095

Exam for Common Knowledge

① クチコミ戦略で「あの店は美味しい」と評判にさせた

解説

景品表示法とは、消費者を誤認させる不当な表示を禁止する法律のことです。具体的な不当表示には、誤認のおそれのある表示、おとり広告に関する表示（④）や不当な二重価格表示（②）、有利誤認、根拠のない表示（③）などが該当します。なお、①のクチコミ戦略はマーケティングの一手法です。

Q 096

特定商取引法

特定商取引法について正しいものは、次のうちどれか？

1 クーリングオフ制度が設けられており、これに該当する全ての販売業者は、消費者からの契約の解除には法定契約書面を受領した日から20日間、無条件に応じなければならない

2 消費者は契約を解除しても、損害賠償金を払う必要がない

3 特定商取引法とは、訪問販売や通信販売、電話勧誘販売などのいわゆる無店舗販売、および語学教室やエステなどに関して、悪質な消費者から販売業者を保護するために一定の規制を課した法律のことである

4 教材、チラシなどの購入を伴う内職は、クーリングオフの対象ではない

A 096

Exam for Common Knowledge

② 消費者は契約を解除しても、損害賠償金を払う必要がない

解説

特定商取引法とは、訪問販売や通信販売、電話勧誘販売などのいわゆる無店舗販売、および語学教室やエステなどに関して、悪質な消費者から販売業者を保護するためではなく、悪質な販売業者から消費者を保護するため（③）に一定の規制を課した法律のことです。具体策として、クーリングオフ制度が設けられていますので、これに該当する全ての販売業者は、消費者が法定契約書面を受領した日から20日間または取引内容によっては8日間（①）の契約解除の申し出に、無条件に応じなければなりません。この場合、消費者は契約を解除しても、損害賠償金を払う必要はありません（②）。なお、教材・チラシなどの購入を伴う内職は、いわゆる業務提供誘引販売取引のことで、クーリングオフの対象です（④）。

Q 097 ≫≫

製造物責任法

製造物責任法、通称ＰＬ法で規定する製造物に該当するものは、次のうちどれか？

1. 不動産
2. 野菜や穀物
3. ゲームソフト
4. 缶ビール

A097

Exam for Common Knowledge

④ 缶ビール

解説

製造物責任法、通称PL法は1995年7月から施行され、法で規定する製造物は、「製造または加工された動産」のこと（④）です。したがって、不動産（①）や、野菜や穀物などの一次産物（②）、情報・サービス・ソフトウェアなどの無体物（③）は除外されます。

Q 098 >>>

著作権

著作権について誤っているものは、
次のうちどれか？

1. 著作権の保護期間は、原則として著作物創作時から著作者の死後５０年が経過するまでの間である
2. 著作物には書籍・論文・絵画・写真のほか、コンピュータゲームのプログラムも含まれる
3. 原則として著作権は、登録しなくてもその著作物を創作したときから、権利が発生する
4. 会社の従業員が業務で作成した著作物について、著作権は原則として従業員のものである

A 098

Exam for Common Knowledge

④ 会社の従業員が業務で作成した著作物について、著作権は原則として従業員のものである

解説

原則として著作権は、登録しなくてもその著作物を創作したときから、権利が発生します（③）。著作物には、書籍・論文・絵画・写真のほか、コンピュータゲームのプログラムも含まれます（②）が、会社の従業員が業務で作成した著作物の場合、特別な定めがなければ、著作権は従業員のものではなく、職務著作として会社が著作者となります（④）。また、著作権の保護期間は、原則として著作物創作時から著作者の死後50年が経過するまでの間です（①）。

Q 099 >>>

知的財産法

知的財産法の保護対象に該当しないのは、次のうちどれか？

1. １年前に執筆された文芸書の著作権
2. １２年前に意匠登録したデザイン
3. ２３年前に特許登録をした著名な発明家の発明品
4. ８年前に商標登録した会社のロゴマーク

A099

Exam for Common Knowledge

③ ２３年前に特許登録をした著名な発明家の発明品

解説

知的財産法は、発明や考案、意匠（デザイン）、商標、著作物、営業秘密などの無形資産（知的財産）を保護するための様々な法律の総称です。主要な知的財産とその保護期間は、以下の通りです。1.著作権は、著作物の創作時点で成立し、著作者の死後50年間存在しますので、①は保護対象です。特に登録する必要はありません。2.意匠権は、意匠登録から20年間保護されますので、②は保護対象です。3.商標権は、商標登録日から10年間保護され、以後10年単位で更新できますので、④は保護対象です。4.特許権は、特許出願の日から最長20年間保護されますが、③は期間を過ぎていますので保護対象から外れています。

Q 100 >>>

自社製品の海賊版防止

自社製品の海賊版を見つけたときの対応として不適切なものは、次のうちどれか？

1. 製造を防止させる手続きをとるために、海賊版の現物を入手する
2. 海賊版が海外から流入している場合には、輸入差止め手続を国連（国際連合）事務局に対して申請する
3. 海賊版が海外から流入している場合には、輸入差止め手続を税関に対して申請する
4. 製造を防止させる手続きをとるために、海賊版販売時のレシートや広告・チラシ・パンフレットなどを入手する

A 100

Exam for Common Knowledge

② 海賊版が海外から流入している場合には、輸入差止め手続を国連（国際連合）事務局に対して申請する

解説

自社製品の海賊版を見つけたときの対応として、まずは製造を防止させる手続きをとるために、海賊版の現物を入手することや（①）、海賊版販売時のレシートや広告・チラシ・パンフレットなどを入手する必要があります（④）。なぜならそれらは、製造中止や損害賠償請求の裁判（特許権・実用新案権・意匠権・商標権・著作権の侵害のほか、不正競争防止法）の証拠になる可能性があるからです。また、海賊版が海外から流入している場合には、輸入差止め手続をする必要がありますが、国連（国際連合）事務局に対してではなく（②）、税関に申請することが一般的です（③）。

おつかれさまでした

判定結果は、次のページです

総合判定	点

90点以上

GJ［グッジョブ］

あなたはすでに、法律に関しては常識レベルのビジネス力が身についています。しかし、これに満足することなく、『通勤大学シリーズ』を読んでさらに上を目指してください。

70～89点

YD［ヨクデキマシタ］

法律に関して、一定レベルのビジネス力は身についています。できなかった問題を復習し、GJ目指して再挑戦してください。

50～69点

CT［チョットタリマセン］

法律に関して、まだまだビジネス力が足りないようです。ビジネスにおいて、法律の知識は必須です。面倒でも勉強し直してください。

49点以下

MG［モンダイガイ］

かなり危険なレベルです。トラブルや大失敗を起こす前に、最低5回は本書を読み直しましょう！

おわりに

現代のビジネスシーンに多大な影響を及ぼし、『20世紀最高の経営者』と賞賛されるＧＥの元ＣＥＯ、ジャック・ウェルチの言葉に、次のようなものがあります。

> **「学習すること、学習するということがすべてだ。**
> **我々はこの原則なしでは生きていけない」**

彼も、学習し続けることがもっとも大切だと説いています。

本書は「最低レベル」の法律知識を集めたに過ぎませんが、最後まで取り組まれた皆さんは、すでに継続して『学ぶことの大切さ』を理解されていることと思います。ぜひ、その思いを忘れずに問題意識を持って、学習し続けてください。

ところで、現代のビジネス環境において、時間やコストの制限から企業が社員に十分な教育を施せない現実があります。そのため、ビジネスマンは自らの意思で学ばなければならず、積極的に学ぼうとする人とそうでない人との『格差』は広がるばかりです。

時代を変えるのは、常に意志の力です。あなたの学び続けようとする意志が、現代の不安定なビジネスシーンを、ひいては停滞する日本を変える力となることでしょう。

私たちは、あなたの学び続ける意志を応援しています。

2008年4月　「ビジネス力検定」法律部門スタッフ一同

■監修者紹介

小澤和彦（おざわ・かずひこ）

1994年早稲田大学政治経済学部経済学科中退後、特許事務所勤務。ソフトウェア会社勤務を経て、1997年弁理士試験合格、1999年特許事務所設立。2003年司法試験合格。現在、第二東京弁護士会所属、弁護士（ひかり総合法律事務所）。

業務分野は、おもに企業法務、知的財産。著書に、『新・会社法で会社と仕事はどうなる？』（弘文堂）、『Q＆A 新会社法の定款変更手続き』（総合法令出版）がある。

通勤大学文庫
「ビジネス力」検定①
法律の常識

2008年5月2日　初版発行

監　修　**小澤和彦**
編　者　**総合法令出版**
装　丁　**川原田良一**
本文デザイン　**八木美枝**
発行者　**仁部　亨**
発行所　**総合法令出版株式会社**
〒107－0052　東京都港区赤坂1-9-15
日本自転車会館2号館7階
電話　03-3584-9821
振替　00140-0-69059
印刷・製本　**中央精版印刷株式会社**
ISBN 978-4-86280-065-7